마음을 청정히 닦는 기도문

:: 한국티벳불교사원의 엠블럼 ::

중앙의 태극은 대한민국을 상징하고, 그 둘레를 감싸고 있는 32개의 원은 최상승 밀교 구야싸마자 32분의 본존을 의미한다. 8개의 바퀴살은 팔정도를, 바퀴살 가운데 있는 8개의 여의주는 8가지 성취를 뜻하며, 108 수정 염주는 대자비를 의미한다.

법륜 전체의 의미는 두 가지로 설명할 수 있다.
교법(가르침) 상에서는 자비로 구야싸마자 등 최상의 불법을 끊임없이 전해주는 것을 뜻하며, 증법(수행) 상으로는 바른 견해로 시작하여 팔정도 등을 수행함으로써 8가지 성취를 이루는 것을 의미한다.

- 차 례 -

귀의와 보리심 일으키기

ཐྭ་ཐྭ་ཐྭ་ཐྭ་ 꺕도쎔께 (3번)

ཐྭ་ཐྭ་ཐྭ་ཐྭ་	쌍게 최당 촉기 촉남라
ཐྭ་ཐྭ་ཐྭ་ཐྭ་	장춥 바르두 닥니 꼅수치
ཐྭ་ཐྭ་ཐྭ་ཐྭ་	닥기 최녠 기뻬 촉남끼
ཐྭ་ཐྭ་ཐྭ་ཐྭ་	돌라 펜치르 쌍게 둡빠르쏙

거룩한 불법승 삼보에
완전한 깨달음 얻을 때까지 제가 귀의합니다.

제가 법을 듣는 공덕으로
모든 중생 돕기 위해 부처 이루게 하소서.

사무량심

{ རང་མེད་པའི } 체메시 (3번)

།སེམས་ཅན་ཐམས་ཅད་བདེ་བ་དང་བདེ་བའི་རྒྱུ་དང་ལྡན་པར་གྱུར་ཅིག

쎔젠 탐째 데와당 데외 규당 덴빠르 규르쩩

일체중생 행복과 행복의 원인 갖게 하소서.

།སེམས་ཅན་ཐམས་ཅད་སྡུག་བསྔལ་དང་སྡུག་བསྔལ་གྱི་རྒྱུ་དང་བྲལ་བར་གྱུར་ཅིག

쎔젠 탐째 둑넬당 둑넬기 규당 델와르 규르쩩

일체중생 고통과 고통의 원인에서 벗어나게 하소서.

།སེམས་ཅན་ཐམས་ཅད་སྡུག་བསྔལ་མེད་པའི་བདེ་བ་དང་མི་འབྲལ་བར་གྱུར་ཅིག

쎔젠 탐째 둑넬 메뻬 데와당 미델와르 규르쩩

일체중생 고통 없는 행복과 떨어지지 않게 하소서.

སེམས་ཅན་ཐམས་ཅད་ཉེ་རིང་ཆགས་སྡང་གཉིས་དང་བྲལ་བའི་བཏང་སྙོམས་ལ་གནས་པར་གྱུར་ཅིག

쎔젠 탐째 녜링 착당 니당 델외따늄라 네빠르 규르쩩

일체중생 근원애증 둘과 떨어진 평등에 머물게 하소서.

〈중론〉의 부처님 찬탄 게송 (용수보살)

ཚ་བ་ཤེས་རབ་ཀྱི་མཆོད་བརྗོད། 짜와쎄럽끼 최쬐

གང་གིས་རྟེན་ཅིང་འབྲེལ་བར་འབྱུང་།	강기뗀징 데빠르중
འགག་པ་མེད་པ་སྐྱེ་མེད་པ།	각빠메빠 께메빠
ཆད་པ་མེད་པ་རྟག་མེད་པ།	체빠메빠 딱메바
འོང་བ་མེད་པ་འགྲོ་མེད་པ།	옹와메바 도메바
ཐ་དད་དོན་མིན་དོན་གཅིག་མིན།	타떼된민 된찍민
སྤྲོས་པ་ཉེར་ཞི་ཞི་བསྟན་པ།	쩨빠 녤시 시뗌바
རྫོགས་པའི་སངས་རྒྱས་སྨྲ་རྣམས་ཀྱི།	족뻬 쌍게 마남끼
དམ་པ་དེ་ལ་ཕྱག་འཚལ་ལོ།	담빠 델라 착첼로

의지하여 나타나기에 · 멸함이 없고 생겨남이 없다.
끊어짐 없고 영원함이 없다. · 옴이 없고 감이 없다.
하나도 아니고 다름도 아니다. · 희론(戲論)의 적멸함 설하신
최상의 설법자, 원만구족하신 · 부처님께 절하옵니다.

〈현관장엄론〉의 세 가지 지혜 찬탄 (미륵보살)

〔མངོན་རྟོགས་རྒྱན་གྱི་མཆོད་བརྗོད།〕 온뚝곈기 최쬐

།ཉན་ཐོས་ཞི་བ་འཚོལ་རྣམས་ཀུན་ཤེས་ཉིད་ཀྱིས་ཉེར་ཞིར་འཁྲིད་མཛད་གང་ཡིན་དང་།

녠퇴 시와 췰남 뀐시 니끼 녜르시 티쩨 강인당

깨달음을 원하는 성문, 연각들이
기지(基智)로써 해탈을 얻게 하고,

།འགྲོ་ལ་ཕན་པར་བྱེད་རྣམས་ལམ་ཤེས་ཉིད་ཀྱིས་འཇིག་རྟེན་དོན་སྒྲུབ་མཛད་པ་གང་།

돌라 펜빠르 제남 람시 니끼 직뗀 된둡 제빠강

이타행 하시는 보살들이
도지(道智)로써 중생을 이익되게 하며,

།གང་དང་ཡང་དག་ལྡན་པས་ཐུབ་རྣམས་རྣམ་པ་ཀུན་ལྡན་སྣ་ཚོགས་འདི་གསུངས་པ།

강당 양닥 된뻬 툽남 남빠 뀐뗀 나촉 디쑹빠

부처님께서 일체지(一切智)로
중생 근기에 맞게 다양한 법 설하시니

།ཉན་ཐོས་བྱང་ཆུབ་སེམས་དཔའི་ཚོགས་བཅས་སངས་རྒྱས་ཀྱི་ནི་ཡུམ་དེ་ལ་ཕྱག་འཚལ་ལོ།

녠퇴 장춥 쎔뻬 촉제 쌍계 끼니 윰델라 착첼로

성문, 연각, 보살, 부처님의 어머니이신
세 가지 지혜에 절하옵니다.

〈양평석〉의 부처님 찬탄 게송 (법칭보살)

ཚད་མ་རྣམ་འགྲེལ་གྱི་མཆོད་བརྗོད། 체마남델기 최죄

ཏྟོག་པའི་དྲ་བ་རྣམ་བསལ་ཅིང་། 똑뻬 다와 남쎌찡

ཟབ་ཅིང་རྒྱ་ཆེའི་སྐུ་མངའ་བ། 섭찡 갸체 궁아와

ཀུན་ཏུ་བཟང་པོའི་འོད་ཟེར་དག 꾼뚜 상뻬 외쎌닥

ཀུན་ནས་འཕྲོ་ལ་ཕྱག་འཚལ་ལོ། 꾼네 톨라 착첼로

미륵보살

법칭보살

분별심의 그물을 완전히 멸하고,
깊고 광대한 몸(二身)을 갖추어
완전한 선함의 빛을
원만하게 비추신 분에게 예경합니다.

문수보살 찬탄 기도

ﾟﾟﾟﾟ《གང་བློ་མ》 강로마

བླ་མ་དང་མགོན་པོ་རྗེ་བཙུན་འཇམ་དཔལ་དབྱངས་ལ་ཕྱག་འཚལ་ལོ།

라마당 곤뽀 제쭌 잠뻴양라 착첼로
스승이신 본존 문수사리께 절하옵니다.

གང་གི་བློ་གྲོས་སྒྲིབ་གཉིས་སྤྲིན་བྲལ་ཉི་ལྟར་རྣམ་དག་རབ་གསལ་བས།

강기로되 딥니뗀뗄 니따르 남닥 랍셀외
두 장애의 구름 벗어난 해와 같이 밝은 문수의 지혜

ཇི་སྙེད་དོན་ཀུན་ཇི་བཞིན་གཟིགས་ཕྱིར་ཉིད་ཀྱི་ཐུགས་ཀར་གླེགས་བམ་འཛིན།

지니뙨꾼 지쉰 식치르 니끼 툭까르 렉밤진
일체 모든 법의 실상을 아시기에
그분의 가슴 가운데 경전 지니셨네.

གང་དག་སྲིད་པའི་བཙོན་རར་མ་རིག་མུན་འཐོམས་སྡུག་བསྔལ་གྱིས་གཟིར་བའི།

강닥 씨뻬 쬔라르 마릭 문톰 둥엘기 실외
윤회의 감옥에서 무지의 어둠으로
혼란과 고통으로 괴로워하는 중생들 모두

འགྲོ་ཚོགས་ཀུན་ལ་བུ་གཅིག་ལྟར་བརྩེ་ཡན་ལག་དྲུག་ཅུའི་དབྱངས་ལྡན་གསུང་།

도촉꾼라 부찍 따르쩨 옌락 둑쮜 양뗀쑹
외자식 같이 아끼는 자비심으로
예순 가지 말씀의 공덕 갖추어 설법하시니

འབྲུག་ལྟར་ཆེར་སྒྲོགས་ཉོན་མོངས་གཉིད་སྟོང་ལས་ཀྱི་ལྕགས་སྒྲོག་འགྲོལ་མཛད་ཅིང་།

둑따르 체르독 논몽닐롱 레끼 짝독 될제찡

용의 천둥소리 같이 번뇌의 잠 깨워

업의 쇠사슬 벗어나게 하시네.

མ་རིག་མུན་སེལ་སྡུག་བསྔལ་མྱུ་གུ་ཇི་སྙེད་གཅོད་མཛད་རལ་གྲི་བསྣམས།

마릭 문쎌 둥엘 뉴구 지니 쬐제 렐디남

무지의 어둠 밝히고 모든 고통의 싹 끊는

지혜의 칼 지니셨으며

གདོད་ནད་དག་ཅིང་ས་བཅུའི་མཐར་སོན་ཡོན་ཏན་ལུས་རྫོགས་རྒྱལ་སྲས་ཐུ་བོའི་སྐུ།

되네 닥찡 싸쮀 타르쏀 옌뗀 뤼족 곌쎄 투외꾸

시초부터 청정하고 십지의 경지에 도달해

공덕 모두 갖춘 최상 보살의 모습으로 나투어

བཅུ་ཕྲག་བཅུ་དང་བཅུ་གཉིས་རྒྱན་སྤྲས་བདག་བློའི་མུན་སེལ་འཇམ་དཔལ་དབྱངས་ལ་འདུད།

쭈탁 쭈당 쭈니 곈뻬 닥뢰 문쎌 잠뻴양라뒤

백열두 가지 공덕 장엄하신

내 마음의 어둠 제거하시는 문수사리께 고개 숙입니다.

ཨོཾ་ཨ་ར་པ་ཙ་ན་དྷཱི༔ དྷཱི༔ དྷཱི༔ དྷཱི༔ དྷཱི༔ དྷཱི༔ དྷཱི༔

옴 아 라 빠 짜 나 디 …… 디디디디디 ……

བརྩེ་ལྡན་ཁྱེད་ཀྱི་མཁྱེན་རབ་འོད་ཟེར་གྱིས།

쩨덴 케끼 켄랍 왜세르기
자비하신 문수보살 지혜의 빛으로

བདག་བློའི་གཏི་མུག་མུན་པ་རབ་བསལ་ནས།

닥뢰 띠묵 문빠 랍쎌네
내 무지한 마음의 어둠 완전히 제거하고

བཀའ་དང་བསྟན་བཅོས་གཞུང་ལུགས་རྟོགས་པ་ཡི།

까당 뗀쬐 슝룩 똑빠이
경, 논 등의 의미 알아차리는

བློ་གྲོས་སྤོབས་པའི་སྣང་བ་སྩལ་དུ་གསོལ།།

로뙤 뽑빼 낭와 쩰두쐴
지혜 통찰케 하는 밝음 주소서.

칠지 공양 기도

ཡན་ལག་བདུན་པ། 옌락뒌빠

|སྒོ་གསུམ་གུས་པའི་སྒོ་ནས་ཕྱག་འཚལ་ལོ།   고숨 귀뻬 고네 착첼로

|དངོས་བཤམས་ཡིད་སྤྲུལ་མཆོད་སྤྲིན་མ་ལུས་འབུལ།   외쌈이뚤 최삔 마뤼 불

|ཐོག་མེད་ནས་བསགས་སྡིག་ལྟུང་ཐམས་ཅད་བཤགས།   톡메네싹 딕뚱 탐쩨싹

|སྐྱེ་འཕགས་དགེ་བ་རྣམས་ལ་རྗེས་ཡི་རང་།   꼐팍게와 남라 제이랑

|འཁོར་བ་མ་སྟོངས་བར་དུ་ལེགས་བཞུགས་ནས།   코르와 마똥바두 렉슉네

|འགྲོ་ལ་ཆོས་ཀྱི་འཁོར་ལོ་བསྐོར་བ་དང་།   돌라 최끼 콜로 꼬르와당

|བདག་གཞན་དགེ་རྣམས་བྱང་ཆུབ་ཆེན་པོར་བསྔོ།   닥쉔게남 장춥 쳰보르오

1. 신·구·의 삼문으로 삼보님께 공손히 절 올립니다.

2. 실제 공양물과 마음으로 만든 공양물을 삼보님께 올립니다.

3. 시작 없는 전생부터 제가 쌓은 죄와 불선 모두를 진심으로
   참회합니다.

4. 거룩하신 분들과 평범한 분들이 지은 모든 공덕을 수희찬탄
   합니다.

5. 사바세계가 끝날 때까지 모든 중생 구하기 위해 거룩하신
   불보살, 스승들께서는 열반에 드시지 말기를 간절히 청하옵니다.

6. 거룩하신 불보살, 스승들께서 일체중생 위해 법륜을 늘 굴려
   주시기를 간절히 청하옵니다.

7. 저와 다른 이들이 지은 모든 공덕으로 일체중생이 위없는
   깨달음을 얻게 하소서.

공덕의 근원

༼ཡོན་ཏན་གཞིར་གྱུར་མ༽ 욘뗀시규르마

모든 공덕의 바탕인 은혜로운 스승, 이치에 맞게 의지함은
도의 뿌리임을 바르게 알고서 많은 정진과 큰 공경으로
의지하게 가피하소서.

한 번 얻은 여가의 이 좋은 몸 매우 얻기 힘든 큰 뜻 알고서
밤낮 모두 핵심 구하는 마음 끊임없이 일어나게 가피하소서.

몸, 목숨 흔들리는 물거품 같이 금방 소멸되기에
죽음을 기억하고 죽은 뒤 몸과 그림자처럼
흑백, 인과(因果) 뒤따르는 것 확고히 알아
불선(不善)들 작고 작은 것들도 소멸시키고,
선들 모두 행하기 위해 항상 근면 갖추게 가피하소서.

채워도 만족되지 않으며 모든 고통의 문이자
믿고 맡길 수 없는 윤회의 허물 알고서
해탈의 행복 추구함이 크게 일어나게 가피하소서.

해탈을 구하는 청정한 마음이 이끄는
매우 신중한 기억과 알아차림으로
불법의 뿌리 별해탈계를 수행의 핵심으로 삼게 가피하소서.

나 자신 윤회 바다에 떨어진 것처럼
어머니였던 모든 중생도 같음을 알아
중생 제도의 짐 지는 최상 보리심 익어지게 가피하소서.

보리심 일으켰어도 삼종계(三種戒)에 익숙치 않으면
보리 성취 못함을 바르게 알고서
보살계를 힘찬 정진으로 실천하게 가피하소서.

뒤집힌 현상에 대한 산란함 멸하고 바른 뜻 이치에 맞게 살펴
사마타(止)와 위빠사나(觀) 함께 하는 도(道)
속히 마음속에 일어나게 가피하소서.

공통도 닦아 근기가 되었다면 모든 승의 최상인 금강승,
선연(善緣) 갖춘 이가 들어가는 청정한 관문에
어려움 없이 속히 들어가게 가피하소서.

그때 두 가지 성취 이루는 바탕인 청정한 서언, 계 지키는 것에
꾸밈없는 확신 얻고서 목숨 다해 지키게 가피하소서.

그 뒤 밀법의 두 가지 요체들 제대로 알고서
하루 네 번 바른 수행에 방일치 않고 정진하여
바른 분의 말씀처럼 행하게 가피하소서.

이러한 참된 길 보여주신 선지식과
이치대로 행하는 벗들 오래 머물고
안과 밖 모든 장애 완전히 소멸하게 가피하소서.

태어나는 모든 생마다 바른 스승과 헤어지지 않고
수승한 불법 실천하여 십지와 오도의 공덕 다 이루어
금강지불의 경지 속히 얻게 하소서.

마음을 다스리는 여덟 가지 게송

ཚྭྱ་སྦྱོང་ཚིག་བརྒྱད་མ། 로종칙게마

1. 최상의 뜻 이루는 마음으로 내가 일체중생을
   여의주보다 더 늘 소중히 여기게 하소서.

2. 어디서 누구와 만나든지 나 자신 누구보다 낮추고
   마음속 깊이 남을 가장 귀하게 여기게 하소서.

3. 모든 행에 자기 마음을 살피고 번뇌 생기자마자
   나와 남 해치기에 단호히 제거하게 하소서.

4. 버림받고 불쌍한 중생들 죄, 고통이 크게 누르는 것 볼 때
   귀한 보석의 원천 만난 것처럼 소중히 여기게 하소서.

5. 남이 나를 질투하여 헐뜯고 모함하여도
   부당한 패배는 내가 받고 승리는 남에게 바치게 하소서.

6. 내가 도와주었기에 크게 기대했던 그가
   매우 나쁜 해 끼쳐도 바른 스승으로 보게 하소서.

7. 직·간접의 이익과 즐거움 모든 어머니에게 바치고,
   어머니의 허물과 고통 모두 은밀히 내가 받게 하소서.

8. 또한 앞의 모든 행들이 번뇌인 세속팔풍에 물들지 않고,
   모든 법 신기루로 아는 마음으로 집착 없이 속박에서
   벗어나게 하소서.

보리도차제의 요지 마음에 깊이 새기기

「ལམ་རིམ་བར་སྐོལ།」 람림 싸르곰

시방삼세 모든 부처님의 화현이시며
교법과 증법, 일체 가르침의 근원이시자
모든 성스러운 승가 대중의 중심이신
직·간접의 은혜로운 바른 스승들께 귀의합니다.

거룩하신 스승들이시여!
제 마음이 항상 불법을 향하고,
불법을 향할 때는 바른 길로만 가게 하소서.
바른 길 갈 때에도 장애 없이 나아갈 수 있도록
간절히 청하옵나니 가피를 내리소서.

제가 붓다의 경지 얻을 때까지
밀라레빠 존자님과 선재동자처럼
지극한 몸과 마음으로 스승을 공경하고
스승의 모든 행을 옳은 것으로 보아
그 분의 말씀대로 쉼 없이 정진하도록 가피를 내리소서.

큰 뜻 갖춘 유가구족의 이 좋은 몸
얻기엔 매우 어렵고 무너지기는 쉬우니
심오한 인과법, 참기 어려운 삼악도의 고통을 알아
마음 깊이 삼보에 귀의하게 하소서.
악업을 참회하고 선업을 법답게 행하도록 가피를 내리소서.

하사도 수행의 결과로
다음 생에 사람과 신의 몸은 얻을지라도
번뇌를 제거하지 못하면
사바세계의 한없는 고통 피할 수 없나니
윤회의 실상을 바르게 깨달아
해탈의 핵심 방법인 보배로운 계·정·혜 삼학을
밤낮으로 쉼 없이 닦도록 가피를 내리소서.

중사도 수행의 결과로
자신의 해탈은 얻을 수 있지만
육도의 모든 중생이 나의 부모 아니었던 적 없기에
이들의 행복을 위해 저만의 해탈을 구하는 마음에서
벗어나게 하소서.
나와 남 평등하게 여기는 최상의 보리심을 일으켜
보살의 육바라밀행을 원만히 닦도록 가피를 내리소서.

이와 같이 공통적인 하사도, 중사도, 상사도를 닦았기에
저 자신은 오랫동안 윤회의 고통 겪어도 괜찮지만
일체중생을 속히 돕기 위해 더욱더 자비심 일으키게 하소서.

지름길인 금강승에 입문하고 밀교계를 목숨 다해 지켜
오탁악세의 짧은 생 안에 대금강지불의 경지 속히 얻도록
가피를 내리소서.

위대한 쫑카빠 스승의 찬탄송

|དམིགས་མེད་བརྩེ་བའི་གཏེར་ཆེན་སྤྱན་རས་གཟིགས། 믹메째외 땔첸 젠레식
한량없는 자비의 대원천이신 관세음보살 무연자비 광맥 관자재

|དྲི་མེད་མཁྱེན་པའི་དབང་པོ་འཇམ་དཔལ་དབྱངས། 디메켄베 왕뽀 잠뺄양
허물없는 지혜의 왕이신 문수보살 무념지혜 자재 대문수

|བདུད་དཔུང་མ་ལུས་འཇོམས་མཛད་གསང་བའི་བདག 뒤뿡마뤼 좀재 쌍외닥
모든 마군 물리치신 금강수보살 마군무루 항복 금강수

|གངས་ཅན་མཁས་པའི་གཙུག་རྒྱན་ཙོང་ཁ་པ། 강쩬케베 쭉켄 쫑카빠
눈의 나라 장엄하신 최상의 지자 쫑카빠 설산지자 장엄 쫑카빠

|བློ་བཟང་གྲགས་པའི་ཞབས་ལ་གསོལ་བ་འདེབས། 로상닥빼 셥라 쏠와뎁
로상닥빠의 두 발에 간절히 청하옵니다. 로상닥빼 양족 간절청

회향 기도

〔བསྔོ་བ་སྨོན་ལམ་〕 오와 묀람

བྱང་ཆུབ་སེམས་མཆོག་རིན་པོ་ཆེ། 장춥 쎔촉 린 뽀 체

མ་སྐྱེས་པ་རྣམས་སྐྱེས་གྱུར་ཅིག 마께 빠남 께규르찍

སྐྱེས་པ་ཉམས་པ་མེད་པར་ཡང་། 께빠 냠빠 메빠르양

གོང་ནས་གོང་དུ་འཕེལ་བར་ཤོག 공네 공두 펠와르쏙

보배로운 최상의 보리심 생기지 않은 것들 생기게 되고,
생긴 것 줄어들지 않고 더욱더 늘어나게 하소서.

བརྟེན་ནས་བྱུང་བའི་དེ་ཉིད་གསལ་མཛད་པ། 뗀네 중외 데니 쎌제빠

ཐུབ་པའི་ལུགས་བཟང་སྐྱེ་བ་ཐམས་དུ། 툽뻬 룩상 께와 탐쩨두

ལུས་དང་སྲོག་ཀྱང་བཏང་ནས་འཛིན་པ་ལ། 뤼당 쏙꺙 땅네 진빨라

སྐད་ཅིག་ཙམ་ཡང་སྐྱོན་པར་མ་གྱུར་ཅིག 께찍 짬양 회빠 마규찍

연기법 밝히는 능인의 위대한 법을 태어나는 모든 생마다
몸과 목숨 다해 지켜 단 한 순간도 놓치지 않게 하소서.

གངས་རི་ར་བས་བསྐོར་བའི་ཞིང་ཁམས་འདིར། 강리 라외 꼬외 싱캄딜

ཕན་དང་བདེ་བ་མ་ལུས་འབྱུང་བའི་གནས། 펜당 데와 마귀 중외네

སྤྱན་རས་གཟིགས་དབང་བསྟན་འཛིན་རྒྱ་མཚོ་ཡི། 쩬레 식왕 뗀진 갸초이

ཞབས་པད་སྲིད་མཐའི་བར་དུ་བརྟན་གྱུར་ཅིག 샵뻬 씨테 바두 뗀규찍

설산을 담장으로 두른 국토 거기에 모든 이익과 행복의
근원이며 관자재이신 뗀진 갸초의 연꽃 같은 두 발이
윤회세계 다할 때까지 머무시게 하소서.

달라이라마 존자님과 티베트 소개

나에게는 일생에 걸쳐 전념하고 있는
'세 가지 약속' 이 있습니다.

첫째, 한 인간으로서 나의 약속은 자비, 용서, 인내, 만족, 자기 절제와 같은 인간 가치의 증진입니다. 모든 인간은 똑같습니다. 우리는 모두 행복을 원하지만, 고통을 원하지는 않습니다. 종교를 믿지 않는 사람들조차도 삶을 더 행복하게 해 줄 이러한 인간 가치의 중요성을 알고 있습니다. 이것은 세속적인 도덕입니다. 나는 이와 같은 인간 가치의 중요성을 앞으로도 계속 이야기할 것이며, 만나는 모든 이들과 이것을 나누기 위해 헌신할 것입니다.

둘째, 한 수행자로서 나의 약속은 세계 주요 종교 전통 사이의 이해와 종교 간 화합의 증진입니다. 철학적인 차이는 있지만, 세계의 모든 주요 종교들의 공통적인 핵심은 인류를 올바르게 이끌기 위함입니다. 그러므로 모든 종교 전통들이 서로 존중하고 서로 다른 전통의 가치를 인식하는 것은 중요합니다. 하나의 종교와 관련된 하나의 진리만 보게 되면 그것은 개인적인 차원이지만, 크게 공동체를 위해서는 여러 가지 진리와 여러 가지 종교가 필요합니다.

셋째, 나는 '달라이 라마' 라는 칭호를 가지고 있는 티벳인으로서 티벳인들이 나를 진심으로 믿고 있기 때문에 나의 세 번째 약속은 티벳 문제에 있습니다. 나는 정의를 위해 투쟁하는 티벳인들의 자유로운 대변인으로서 수행해야 할 책임이 있습니다. 하지만 티벳 민족과 중국 서로에게 이로운 해결책을 찾게 되면 이것을 지켜갈 이유는 사라지게 될 것입니다. 그리 된다 하여도 나의 마지막 숨이 다하는 날까지 첫 번째와 두 번째 약속을 지켜나갈 것입니다.

티벳은 북동쪽으로 신강 위구르, 남쪽으로 미얀마, 인도, 부탄, 네팔, 카슈미르 지구와 국경을 접하고 있는 해발 5 천 미터 이상의 고산 국가로, 인도에서 초빙된 아띠샤 존자님을 비롯한 여러 스승들이 전해준 부처님의 가르침을 원형에 가깝게 간직하며 실천하던 인구 6 백만 명의 조용한 나라였습니다.

1959 년 티벳은 중국의 식민지가 되면서 백만 명 이상의 티벳인들이 소중한 목숨을 잃었으나 그럼에도 불구하고 제 14 대 달라이 라마 성하께서는 티벳의 자유를 위한 투쟁에서 비폭력적이고 평화적인 해결책을 모색하면서 티벳의 역사 · 문화적 전통 보존을 위한  노력에 대한 공로로 1989 년 노벨평화상을 수상하기도 하였습니다. 달라이 라마 성하께서는 현재까지도 많은 나라를 방문하여 법왕으로서 불교의 가르침을 전하는 한편 티벳의 지도자로서 자유와 정체성을 찾기 위해 전세계에 호소하고 있습니다.

티벳의 국기는 7 세기 송첸감뽀왕이 티벳의 거대한 땅을 크고 작은 구역으로 나누어 티벳의 국경 지역에 286 만 명의 군인을 뽑아 주둔시키면서 군기로 만들어 사용하던 것이었습니다. 20 세기 초까지 사용되다가 제 13 대 달라이라마께서 현재의 국기와 같은 모양으로 개선하였습니다.

티벳 국기는 티벳이 지구상에서 가장 오래된 나라 중 하나임을 증명하는 것으로 티벳의 종교, 지리, 문화를 함축하고 있습니다. 국기 하단의 흰색 바탕의 삼각형은 설산으로 둘러싸여 있는 티벳의 영토를 나타내며, 그 삼각형 속의 두 마리 사자는 종교와 정치를 나타냅니다. 두 마리 사자 아래의 태극 모양의 원과 두 마리 사자가 받치고 있는 불꽃 모양은 여의주를 나타냅니다.
깃발 안의 빨간색은 티벳의 수호신장인 네충을, 파란색은 빨뗀 라모를 나타내며, 국기 중앙의 비치고 있는 해 모양은 티벳의 모든 국민들이 행복하고 자유롭게 살고 있음을 의미합니다. 또한 노란색 테두리는 황금 같은 부처님법이 티벳 전체에 널리 퍼져나가는 것을 상징합니다.

기도법회 및 운영 프로그램 소개

- **사시 예불 기도**
  매일 오전 10:00~11:30

- **람림 법회 및 밀교염불 명상**
  매주 토요일 오후 03:00~05:00

- **따라보살 기도 및 밀교의식 기도**
  매월 첫째 월, 화요일 오전 10:00~11:30
  바르도 49재 기도 및 재일 법회

- **티베트 대장경 천일 기도**
  각 가정의 기도 접수 및 축원

- **티베트어 초·중급 수업**

- **티베트 큰스님 초청 법회**

- **티벳불교 문화 캠프**

부산광역시 서구 해돋이로 250

한국티벳불교사원 광성사

Tel. 051)243-2468
Fax. 051)243-2469

www.KoreaTibetCenter.com

다음카페·한국티벳불교사원
페이스북·Korea Tibet Center

[티벳불교 수행 지침서 제1권]

티벳 스승들의 수행 이야기

KOREA TIBET CENTER

한국티벳불교사원 광성사

- 차 례 -

다르마는 어떻게
우리의 삶을 변화시킬 수 있나

/ 공라 라돗 린뽀체

꽁라 라돗 린뽀체 *(Khyongla Rato Rinpoche)*

1923년 티벳 동부 캄 출생으로 5 살 때인 1928년 꽁라 라돗 린뽀체의 10번째 환생자로 인정되었고, 캄 지방의 사원을 거쳐 13세 때부터는 라사의 라돗(Rato) 승원에서 공부하였다.

근대 티벳의 고승인 파봉카 린뽀체를 비롯하여 70여 명의 티벳 큰스승들로부터 공부하였고, 20세 때 파봉카 린뽀체로부터 비구계를 수지하였다. 이후 경전에 대한 공부를 모두 마친 후 총 4번의 시험을 통과하여 '게쉬 하람빠'가 되었다.

1959년 중국이 티벳을 침공한 후 인도로 망명하여 티벳 어린이 학교(TCV) 국어 교재를 여러 린뽀체와 함께 편찬하는 등 수행하다가 미국으로 건너가 관정, 요의의 가르침, 구전 등 티벳불교의 핵심적 가르침을 많은 사부대중에게 전승하고 있다. 지금의 링 린뽀체, 소파 린뽀체 등 많은 티벳의 스승들이 라돗 린뽀체로부터 배웠다. 현재 뉴욕의 티벳 센터에 주석중이다.

이 법문은 2006년 11월 방한하셨던 꽁라 라돗 린뽀체의 '어떻게 해야 다르마가 우리의 삶을 변화시킬 수 있나' 라는 주제의 법문을 녹취한 것입니다.

법문을 해달라고 청하기만 해봤지 이렇게 제게 법문을 청해 와서 하게 되니 겸연쩍습니다. 일반사람들이 법을 행하는 수행방법에 대해 조금 이야기하겠습니다.

법을 행하는 이유는 누구나 행복을 원하고 고통을 바라지 않으며, 고통을 제거하고 행복을 얻기 위해서는 법을 통하지 않으면 방법이 없기 때문입니다. 행복을 원하고 고통을 없애는 것이 법을 행하는 이유이고, 법을 행하지 않으면 행복을 얻을 수 없지만 현재 법을 인정하지 않는 사람이 얻는 행복들 역시 과거에 법을 행한 과보입니다.

한국 스님들에게 법을 청해도 되지만 저에게 법을 청했기에 예로부터 전해 내려오는 티벳에서 법을 행하는 방식으로 말하도록 하겠습니다.

대부분의 티벳 사람들에게 있어 법을 행하고 따르는 것은 자연스러운 일입니다. 물론 티벳 사람들 중에도 예수교나 다른 종교를 믿는 사람도 있지만 사회 분위기상 다들 불법을 행하고 있습니다.

티벳에 승려와 승려 아닌 사람들이 있지만 반드시 승려만 법을 행해야 한다는 편견은 없습니다. 승려와 일반사람의 수를 따지자면 일반인이 더 많습니다. 승려가 되면 수행하는 데 시간과 조건이 갖추어집니다. 그러나 법을 행하는 데 있어서 어떤 직업이나 계층을 가리지는 않습니다.

법은 '다르마' 입니다. '지니다' 라는 의미입니다. 예를 들면 살생을 막고 거짓말을 하지 않고 진실을 말하는 것이 법입니다. 종교라는 것이 저 높은 경지를 말하는 것이 아닙니다. 법을 행하는 것에도 많은 순서가 있습니다.

장사에 비유하면 장사를 해서라도 삶을 이어가야 하는데 장사해서 이익을 얻은 것으로 부처님에게 공양 올리는 것도 법을 행하는 것입니다. 장사를 하면서 사람을 속이거나 거짓말을 해서 죄업이 있을 수 있지만, 그 이익으로 남에게 보시를 한다면 남에게 약간의 이익을 주는 행동이 됩니다. 가난한 사람에게 보시하는 사람도 있습니다. 많은 이익이 생기게 하기 위해 스님을 모시고 기도하는 사람도 있습니다. 경제적 이익을 얻기 위해 보시하고 기도하는 사람도 가끔 있습니다. 이런 복덕에 의지해서 더 나은 길을 찾는 사람도 있습니다.

장사꾼 가운데 이익만 추구하는 이도 있습니다만 다른 사람의 이익을 위해 장사하게 되면 장사하는 것 자체도 법을 행하는 일이 될 수 있습니다. 농부가 농사가 잘되어 많은 수확을 얻은 이익으로 법을 찾고 보시를 하는 사람도 있습니다. 내 고향에도 농사지어 수확이 많으면 스님들께 시주하러 오기도 합니다. 농부들도 스님에게 기쁜 마음으로 보시합니다. 부처님 발우에 넣어서 공양을 올리기도 합니다. 짐승을 잡는 사람 또한 좋은 날을 택해 살생하지 않는 날을 정한다면 선업을 쌓게 되는 것입니다.

내가 아는 주위사람을 비유해 이야기하자면 라사에 있을 때 아침 일찍 일어나 탑돌이를 할 때 부처님의 가르침과 불상이 있다고 생각하며 탑돌이를 하였습니다. 이 때 집에서 기르는 개도 데리고 갑니다. 몇몇 사람들은 방목하는 양을 함께 데리고 탑돌이를 하기도 합니다.

티벳에서 하는 탑돌이 가운데 라사를 한 바퀴 도는 것이 있습니다. 이 것은 '링꼬르' 라고 하는 종교행사인데, 이 때 축생을 데려가면 축생에게도 많은 이익이 있습니다. 축생 스스로는 '링꼬르' 를 돌아야 한다는 생각이 없겠지만 사람이 데려가면 이익이 있습니다.

옛날 낌딱 뻴께는 벌레로 태어났을 때 소똥 위에 앉아 있었는데, 비가 와 소똥이 물에 휩쓸려 탑돌이를 한 선행을 쌓아 인간으로 태어나고 아라한의 경지까지 올랐다고 합니다. 그런 이유로 '꼬라' 가 생겼습니다. 낌딱 뻴께는 나이가 많아서 공부할 수 없을 것 같아 자살할 생각을 한적도 있었습니다. 속가에 있을 때 가정이 복잡하고 어려운 일들이 많았지만 그럼에도 불구하고 86세에 출가했는데 부처님을 만나 공부해서 아라한의 경지에 올랐습니다.

티벳의 산에 가면 많은 부처님 형상이 조성되어 있는데 축생들이라도 보고 돌면 도움이 될 것 같아 그렇게 많이 조성되어 있습니다. 개와 같은 축생도 부처님의 얼굴을 뵙거나 법을 듣는 것으로 많은 도움을 받습니다.

화를 내는 가운데 부처를 보는 것만으로도 공덕이 된다는 말이 있습니다. 축생에게 작은 도움이라도 될 수 있도록 하는 것 자체가 법을 전하는 일이 됩니다.

저와 21년간 함께 생활한 고양이가 있는데 고양이가 아플 때 달라이라마의 법성을 녹음기로 들려준 적이 있습니다. 고양이라도 우리가 행하는 법어를 얼마나 많이 듣느냐에 따라 습기가 심어집니다. 그 습기에 의지해서 인간으로 태어난다면 법을 행하는데 빨리 이해하고 힘차게 갈 수 있는 것입니다.

뉴욕의 내가 사는 곳에도 고양이가 있는데 음식을 줄 때 '옴 마니 반메 훔' 하면서 줍니다. 그러면 그에게 이익이 있을 것입니다. 그와 같이 가정에서 키우는 물고기에게라도 부처의 말을 전한다면 그것이 법을 행하는 것이 될 것입니다. 그와 같이 쉽게 볼 수 있는 많은 개미라든지 이런 것들에게 진언을 하면서 물을 주는 것도 법을 전하는 것입니다.

그 고양이가 죽고 새 고양이를 키우게 되었는데 그 이름을 '보리심' 이라고 지었습니다. '보리친다(범어로 보리심)' 라는 이름을 듣고 고양이가 울 때면 밥을 줍니다. 보리심(菩提心)이란 단어는 법의 핵심이기에 단어만 들어도 고양이에게 도움이 될 것입니다. 이렇게 축생에게 법어를 듣게 해주는 것만으로도 법을 전하는 것이 될 것입니다. 어떤 중생을 어쩔 수 없이 죽이게 되는 상황에 처하더라도 '옴 마니 뻬메 훔'을 불러주는 경우가 있습니다. '링꼬르'를 돌러 갈 때 개나 양을 데려가는 것을 본적이 있습니다. 법당엔 들어갈 수 없지만 묶어놓고 들어갔다가 나와서 데려가는 것을 본적이 있습니다.

법을 행하는 사람들이 석가모니 부처님 앞에서 기도를 할 때 어떤 마음으로 기도하는지 알 수 없지만 부처님의 가르침이 널리 퍼지기를, 수행자들이 오래 살 수 있게 해달라고 기도하기도 합니다. 일체중생이 행복하기를 바란다고 입으로 아름답게 말하기도 합니다. 마음엔 어떤 생각인지 모르겠지만 입으로는 그렇게 합니다. 그런 후 돌아와 집을 청소하고 부처님께 공양 올리고 하루를 시작합니다. 평소에 늘 하는 일들도 중요하게 생각하는 덕목중 하나입니다.

청소를 하는 데 있어서도 혼자 하는 일이기 때문에 깨끗하게 할뿐만 아니라 '부처와 제불보살을 청합니다.' 라는 마음으로 청소하는 마음을 내는 것이 너무나도 중요합니다. 쓰레기를 그냥 쓰레기라 생각지 않고 번뇌와 장애로 생각하고, 빗자루와 같은 도구는 무아(無我)의 지혜와 보리심과 같은 것으로 생각하고 청소하는 것 자체가 법을 행하는 것이 됩니다. 만약 보리심을 일으켜 수행하는 사람은 쓰레기를 이기심이라 생각하고 청소해야 합니다. 무아의 지혜를 수행하는 사람은 쓰레기를 아집(我執)이라 생각하고 청소해야 합니다.

청소하는 일을 하사도·중사도·상사도와 연결해 생각할 수 있습니다. 수행 방법은 이렇지만 티벳 사람들조차도 이렇게 다 실천하고 있는지는 모르겠습니다. 만일 책상을 닦는다면 책상 위의 치울 것들을 번뇌·탐욕·무지로 생각하고 청소도구는 가르침이라 생각하는 방편의 길이 있습니다. 공양을 올릴 때 공양도구가 많지 않더라도 가능한 한 좋은 것을 선택해 올려야 합니다.

자신의 먹을거리도 공양 올린 후 식사하는 방법이 있습니다. 귀의할 때 음식 공양 올린 처음 것을 부처님께 돌리는 것이 있습니다. 티벳 사람들에겐 아침에 공양 올리는 풍속이 많습니다. 낮에는 일을 해야 하니 아침에 합니다.

그리고 글자를 읽을 수 있는 사람은 〈열반경〉, 〈금강경〉 등을 읽습니다. 부처님의 법어가 일백 권이나 되는데 그것을 읽기도 합니다.

긴 기도문을 읽기도 합니다. 글자를 몰라도 부모님이 하는 것을 많이 듣고 아주 긴 진언이지만 하는 사람도 있습니다. 하지만 정확히 하지는 못합니다. '옴 마니 뻬메 훔'을 많이 하고 있습니다. '옴 마니 뻬메 훔'을 일억 번 외우면 몸에서 사리가 나온다 하는데 확인하지는 못했습니다. 이빨도 난다고 하는 데 직접 보지는 못했습니다. 설에 따르면 일억 번을 하면 이가 난다고 해서 '일억 이빨'이라고 합니다. 그래서 나이 많은 사람들이 많이 합니다. (웃음) 신문이나 TV가 없어 '옴 마니 뻬메 훔'을 많이 합니다. 그리고 마니차를 많이 돌립니다. 많은 사람이 추에 머리를 부딪치기고 하고 화나면 그것으로 사람을 때리기도 합니다. (웃음)

기도를 할 때 "어머니였던 일체중생을 여법하게 제도하게 해주십시오." 하고 기도합니다. 생각할 때 어렵지만 티벳에서는 잘하고 있습니다. 부모의 중요성에 대해 깊이 생각하고 있습니다. 부모에 효도하지 않는 것을 아주 나쁘게 생각합니다.

티벳은 땅이 커서 라사 법당의 부처님을 한 번 보는 것을 아주 크게 생각합니다. 제 고향(티벳 북동부의 캄 지방)에서 라사까지 오는 데 한 달 반 정도 걸립니다. 라사까지 절을 하면서 오기도 합니다. 내가 아는 사람은 라사에 있는 조캉 사원까지 절을 하며 오는데 당나귀 등에 음식 싣고 올 때 당나귀가 습관이 들어 당나귀가 먼저 가고 사람이 절해서 당나귀 있는 곳까지 가면 또 당나귀가 다음 절하며 갈 곳까지 미리 가있는 그런 일도 있었다고 합니다. 그렇게 해서 라사에 도착했는데 당나귀를 팔면 중국 사람이 죽일 것 같아 고향으로 돌아가는 차를 구해 그 차편에 당나귀를 고향에 돌려보냈다고 합니다. 고향집에 보내면 공이 있어 당나귀를 잘 키울 것 같았기 때문이겠죠

비슷한 이야기는 많아서 끝이 없을 것입니다. 이런 것들은 티벳 사람들에 대한 좋은 면의 이야기이고 나쁜 면에는 더 많은 이야기가 있습니다.

그런 이야기를 하면 다들 욕할 겁니다. (웃음)

라마라든가 린뽀체의 이름을 가지고 있지만 화도 나고 무지도 있고 탐욕도 있습니다. 저에게 라마이기 때문에 과거 생이 기억나느냐고 묻지만 그건(과거 생) 놔두고라도 몇 달 전 상황도 기억이 안 납니다. (웃음) 라마라는 것도 사람들이 만든 거지 아무것도 아닙니다.

어릴 때 자유가 있었다면 부모에게 돌아가고 싶은 심정이었습니다. 라마로 생각해 모시고 공부시켜 이 자리에 있는 것이지, 거두어준 사람이 없었다면 이 자리까지 오지 못했을 것입니다. 중국 사람들이 왔을 때 저를 해쳤다면 이 자리에 없었을 것입니다. 가족 중 한 사람도 중국 사람과 싸워 죽임을 당했습니다.

법을 행한다는 것은 살생은 좋지 않은 것이기에 제거하고, 거짓말을 막고, 항상 진실을 말하고, 주변사람과 친하게 지내고, 가족과 화목하게 지내는 것이 법을 행하는 것입니다. 부부생활도 서로 생각하고 가깝게 지내면 그것이 법을 행하는 것입니다. 가족 중 자식이 있으면 학교 보내고 잘 가르치는 것도 법을 행하는 것입니다.

누구나 어려움을 겪으며 생활하는데, 내게 이익이 생겨서 공양 올리고 어려운 이를 돕는다면 그 자체가 법을 행하는 것입니다. 천원의 수입이 있다면 10원이라도 공양 올리고 보시한다면 그것 자체가 선행이 되는 것입니다. 처음부터 많은 돈을 보시하면 후회할 수 있기 때문에 조금 조금씩 하는 것이 중요합니다. 내가 했다고 하는 아만심이 생기면 선행의 공덕이 줄어들게 됩니다. 작게 할 수밖에 없는 사람도 다음엔 많이 할 수 있도록 기도하는 것이 중요합니다.

일반사람이라면 하루 계를 받아서 지키는 것이 어렵지 않습니다. 하루 동안 지키는 계목에는 8가지가 있는데 그리 어렵지 않습니다. 계의 핵심은 술 먹지 않는 것, 도둑질·거짓말·사음·살생하지 않는 것, 높고 큰 자리에 앉거나 몸에 많은 장식을 하거나 냄새나는 것을 바르거나 노래하지 않는 것, 넓은 침상을 쓰지 않는 것, 정오가 지나서 음식을 먹지 않는 것 등을 말합니다. 자세하게 설명하지 않아도 잘 아는 부분일 테니 지킨다면 큰 이익이 있을 것입니다.

하루를 지키는 포살계는 처음에 스승 앞에서 받아야 합니다. 그 다음엔 부처님(불상) 앞에서 받아도 됩니다. 오후에 먹지 않는 것은 아침에 많이 먹으면 관계없습니다. 내일 거짓말하는 상황이더라도 오늘은 거짓말 안하 겠다는 것이 실질적으로 이익이 있습니다. 장난삼아 사냥하고 살생하는 것을 막을 수 있으면 그것도 이익이 됩니다. 나를 해치면 고통이 오듯 상대도 마찬가지입니다. 내일 사냥을 가더라도 오늘은 하지 않겠다는 그 마음이 이익이 되는 것입니다.

버리겠다는 마음을 하루만 지키는 것도 이익이고, 한 달을 막을 수 있다면, 1년을 막으면, 더 나아가 한 생을 막으면 더 큰 이익이 생깁니다. 살생을 막는 그 자체만으로도 법을 행하는 것입니다. 열 가지 불선을 막는 것이 법을 행하는 것입니다. 어떻게든 나의 불선을 막고 타인의 불선을 막는 것이 법을 행하는 것입니다.

문) 외부 행위로 잘 나타나지 않지만, 머릿속으로는 온갖 탐·진·치 행위를 합니다. 특히 일상생활에서 분노가 많이 일어납니다. 화를 어떻게 다루어야 합니까? 또 '마음을 닦는다.' 라고 하셨는데, 마음이 어디에 어떻게 존재합니까?

답) 〈입보리행론〉에서 말씀하신 바와 같이 화의 허물을 많이 생각해야 합니다. 만약에 화를 내면 다음 생에 어떠한 일이 생기는지, 금생에 어떤 허물이 많이 발생하는지 생각해봐야 합니다. 화났을 때 잠을 잘 못 이루는 것과 같이 화의 허물을 보고서 분석을 잘해야 합니다. 이와 마찬가지로 인욕 정진한다면 인욕의 이익을 많이 생각해야 합니다. 화의 허물과 인욕의 이익을 생각해서 허물을 없애야 하는 것입니다. 화의 허물을 분석하고 그 이유를 찾아 살피며 거듭거듭 분석한다면 화는 정말 좋지 않은 것이라고 가슴 속 깊이 확신이 생기게 됩니다. 이렇게 분석에 의지해서 사유해 나가는 것입니다. 처음에는 분석의 사유로써 제거하고, 그 다음에는 지혜의 사유로써 줄여나가야 되는 것입니다.

만약에 누군가 좋아하지 않는 사람이 있어 그 사람이 나에게 이러이러한 해를 끼쳤다고 생각해서 (상대의) 허물만을 거듭거듭 생각한다면 점점 더 화가 일어나고 얼굴이 빨개지고, 땀이 나고 이러한 결과가 발생합니다. 그래서 부처님 전에 나아가 기도하면서 화를 내지 않는 것에 대해 기도하고 화의 허물을 생각하고 인욕의 공덕을 생각하고… 이렇게 점점 더 나아가며 사유한다면 차츰차츰 화가 줄어들 것입니다. 만약에 화라고 하는 것을 내 마음속의 가장 큰 적이라고 생각해서 그것을 줄이고 제거하기 위해 노력한다면 자기 마음에 큰 성장이 일어날 것입니다. 그와 같이 인욕의 이유를 생각하고 분석하고 화를 그치는 사유로 나아간다면, 인욕의 경험이 점점 더 늘어나게 될 것입니다. 화의 허물을 얼마나 많이 보느냐에 따라서 화를 제거해 들어가는 것이 점점 더 가까워질 것입니다.

화의 허물들은 경전 안에 이미 다 있습니다. 많은 경전에 있는 것들을 생각해야 합니다. 하다못해 신문만 보아도 화내어 생기는 허물들을 알 수 있습니다. 이런 것들을 생각한다면 화를 낸 허물이 어떻게 발생하고 어떻게 되는지 조금씩 이해할 수 있게 될 것입니다.

번뇌를 일으키는 세 가지 조건이 있습니다. 분노로 예를 들어본다면, 먼저 분노의 대상이 있습니다. 만약에 분노를 금방 제거하지 못하더라도 대상과 조금씩 멀어진다면 결국에는 분노를 제거하는데 이득이 됩니다. 그래서 분노를 일으키는 것이 내 마음 속의 가장 큰 적이라고 생각하여 분노를 없애기 위한 방법으로 '옴 마니 뻬메 훔' 진언을 외운다거나 아미타불 진언을 외운다거나 한다면 분노를 제거하는 조건이 됩니다.

내가 화가 많다면 절에 가서 부처님 전에 분노를 제거할 수 있는 기도를 올리는 것도 방법이 될 것입니다. 부처님 법의 입장이 아니라 일반적인 입장에서 보아도 분노가 많으면 좋은 일들이 오지 않는 것이 사실입니다. 법의 입장에서 분노를 제거하는 방법이 이런 것들이고 다른 방법에 대해서는 저도 알지 못합니다.

마음을 변화시키는 것, 마음을 다스리는 것, 지금 같이 분노를 적게 하는 것이라든가 분노를 제거하거나 질투를 없애는 것. 이런 것들을 점점 없어지게 하는 것들이 모두 행하는 것입니다.

저는 화가 그렇게 많이 일어나지 않는다거나, 또 다른 사람의 경우에도 과거에는 화가 많았지만 지금은 화가 잘 나지 않는다 할 때 그 사람은 마음을 잘 변화시켰다고 말할 수 있습니다. 마음의 본성과 자성에 대해서는 다른 분에게 질문하시고 저는 잘 모릅니다.

분노를 제거하는 핵심 방편은 분노 자체가 아집으로 인해 오기 때문에 아집을 제거하는 방편을 행해야 합니다. 이 방편은 공성(空性)의 지혜와 무아의 지혜로 제거할 수 있는 것입니다. 그렇기 때문에 공성과 무아의 지혜에 관심을 가져 힘써 배워야 합니다. 번뇌를 조금씩 멀리하는 것은 가능하지만, 완전히 제거하기 위해서는 무아의 지혜를 배워야 합니다.

사례를 하나 들면, 어떤 선정 수행자가 깊은 선정을 닦아서 머리카락이 아주 길어지도록 그렇게 오랜 세월을 정진했는데, 하루는 쥐 한 마리가 올라와 머리카락을 갉아 먹었습니다. 그때 선정에 들었던 이가 그 광경을 보고 크게 화를 냈다는 일화가 있습니다. 이와 같이 선정만으로는 무아의 지혜를 깨달을 수 없고 분노도 제거할 수 없습니다.

문) 저희 딸이 연구실에서 근무해 불가피하게 많은 살생을 하는데 어떻게 해야 할까요?

답) 그 질문은 짐승을 조금 적게 죽이는 것이 좋겠습니다. 줄여서···(웃음) '지금은 어쩔 수 없이 살생을 하고 있지만, 살생하지 않게 해주소서.' 하고 기도하는 것이 중요합니다. 그리고 생활을 유지하는 데 있어 살생을 하지 않고 생활할 수 있는 방법을 찾는 것이 아주 좋겠습니다. 매일같이 살생하지는 않을 것 아닙니까? 휴식 때나 휴일이나 휴가 때 등 그런 때는 죽이지 않기를 바라고 기대하면서 그러한 마음을 강하게 먹는 것이 이로울 것입니다.

문) 부처님께 공양 올리는 것과 다른 이에게 보시하는 것이 구별이 안 됩니다. 둘의 차이점이 무엇입니까?

답) 둘 다 아주 중요하게 생각해야 합니다. 삼보에게 공양 올리는 것은 공덕을 바치는 것이고, 중생에게 보시하는 것은 중생의 은혜가 크기 때문에 공양을 올리는 것입니다. 그렇기 때문에 부처님과 중생 둘 다 본인이 부처를 이루는 입장에서 똑같이 부처님에게 50%, 중생에게 50% 의지해서 부처를 이루는 것입니다. 그렇기 때문에 부처님에 공양 올리는 것과 똑같이 중생에게도 공양 올려야 합니다. 〈입보리행론〉에 있습니다.

문) 삼보에 귀의한 사람이 스님들이 계율을 어기는 것을 보았을 때, 어떻게 대해야 합니까?

답) 승려들 가운데 나쁜 행동을 하는 사람이 있기도 하겠지만, 좋은 스님들에게 귀의하면 되지 않습니까? (웃음) 귀의할 때, 우리가 승려라는 표시가 있는 것만으로도 아주 귀하게 생각하고 공경해야 하는 것은 경전 안에도 있습니다. 그렇기 때문에 나쁜 행동을 하는 사람들을 생각하지 않는 것이 좋겠습니다. 아주 좋은 거룩하고 훌륭한 분들을 생각하면 되지 않습니까? 그렇게 하면 좋지 않을까요? 제가 결정적으로 말할 수는 없지만 이정도로 하면 되지 않을까요? (웃음) 오라고 해서 왔지 내가 오고 싶어 온 것은 아닙니다. 한국이 그냥 어떤 곳인가 하고 그냥 와봤습니다.

문) 다르마가 '지키다' 라는 뜻이 있다고 하는데 조금 더 설명해주십시오

답) 지키다, 지니다는 것은 떨어지지 않게 잡는 것입니다.

문) 저는 성악 전공으로 부처님께 음성공양을 올리고 있습니다. 그런데 노래를 하지 말라는 것은 어떤 뜻입니까?

답) 노래를 아예 하지 말라는 것이 아니고, 계율을 받은 날 아무 의미 없이 노래를 부른다거나 하는 것을 하지 말라는 말입니다. 평소에 노래를 해서 생활해야 되는 사람이라면 여유가 있을 때 계를 받으면 되지 않을까 생각됩니다. 몸에 장식하는 것 또한 그와 같이 생각하면 됩니다.

부처님께 노래하는 분은 부처님께 소리로써 공양 올린다는 마음으로 하면 될 것 같습니다. 노래해서 얼마나 많은 이익이 있을까를 생각하지 않고, 다른 사람이 얼마나 기쁘고 이익이 있을까를 생각해서 노래한다면 아마 그 자체로도 법으로 가지 않을까 생각됩니다. 이와 같이 부처님과 보살님께 공양 올린다는 생각으로 한다면 이익이 있지 않을까요? 부처님께 공양 올리는 종류도 아주 다양하기 때문에 그것이 가능할 것입니다.

아마 동기가 바르다면 문제가 없을 것 같습니다. 노래 부를 때 돈이나 이익을 바라고 하긴 하겠지만, 동기를 조금씩 변화시킬 수 있는 여지는 있습니다. 만약 동기가 바르지 않다면 법을 행한다는 말만으로는 이익이 없습니다. 오늘 제가 여러분에게 이야기하는 것이 여러분에게 이로우리라는 생각으로 법을 설하면 법으로 가겠지만, 만약 내가 유명해진다거나 다른 이익을 바라는 생각으로 법을 설한다면 법으로 가지 않을 것입니다. 그처럼 노래하는 것도 마찬가지입니다.

문) 집단도살당하거나 인간의 식용을 위해 매일 도살당하는 축생들과 아귀, 지옥중생 등 삼악도의 중생을 위해 매일 기도를 올리고 있습니다. 이것과 일체중생을 위해 기도하는 것 중 어느 것이 더 좋은 것입니까?

답) 일체중생을 위해 기도하는 것이 더 힘이 클 것입니다. 일체중생이 더 많고 힘이 크기 때문입니다.

콩라 라돗 린뽀체

문) 수행에 있어 죽음에 대한 명상은 왜 해야 하며, 어떻게 수행해야 합니까?

답) 죽음에 대해 생각하지 않으면 불교수행을 제대로 못하게 됩니다. 죽음에 대해 생각하지 않으면 이번 생에 대한 생각만 하게 되어서 수행에 정진하지 못합니다. 불법을 행하려고 마음먹어도 조금 나이가 먹은 후 앞으로 하겠다고 하기 쉽습니다. 죽음에 대해 기억하지 않으면 불법을 제대로 수행하지 못합니다. 죽음에 대해 생각하지 않으면 젊었을 때 그냥 생활하고 나중에 나이 먹어 노인이 됐을 때 수행해야지 하는 마음이 생길 수 있습니다.

문) 좋아하는 것은 너무 집착하고 좋아하는 반면 싫은 것은 보려고 하지도 않는 마음, 좋고 싫음이 너무 분명한 마음은 어떻게 해야 할까요?

답) 우리가 잘 모르지만 집착하면 어떤 허물이 있는지, 화내면 어떤 허물이 있는지를 사유해야 합니다. 그 다음에 집착의 대상에게 어떤 핵심적 문제가 있는지, 화내는 마음의 어떤 것이 핵심인지를 살펴야 합니다.

문) 성(性)에 대해 거부감과 두려움이 많은데, 이 마음을 어떻게 다스려야 합니까?

답) 시작 없는 전생부터 성에 대해 너무 익숙해져있기 때문에 이번 생에도 저절로 성에 대해 집착합니다. 시간이 지나면 또 거기에 대해서 화를 내게 됩니다. 그것에 대해 다른 것은 잘 모릅니다.

문) 부처님 말씀에 모든 것은 공성(空性)이라고 하셨는데 그렇다면 우리 중생은 무엇을 의지하고 살아야 하나요?

답) 부처님 말씀 중에 공(성)이라고 하실 때는 아무것도 없다는 뜻이 아니고, 실재가 없다는 뜻입니다. 무엇이든 다 인연으로 연기되어 있어 실재가 없기 때문에 다 공이라 하는 것이지 아무것도 없다는 뜻은 아닙니다. '색즉시공(色卽是空)'이라 말씀하실 때 색 자체가 없다는 뜻이 아니라 의지하지 않고 독립적으로 존재하는 자유로운 것은 없다는 뜻입니다. 이름 붙인 대상만 있는 것입니다. 〈반야심경〉에서 색즉시공 이런 게 나오고 뒤에 자성이 없다는 말이 나오는데 바로 그 뜻입니다. (공성의 뜻은) 하나도 없다, 아무 것도 없다고 받아들이면 편견입니다. 그건 좋지 않은 견해입니다.

문) '생사일여(生死一如)'라는 의미를 생각으로는 알 것 같은데, 죽음의 문제 뒤에 두려움이 뒤따릅니다. 안내를 부탁드립니다.
답) 죽음에 대해서 평소에 수행을 잘하면, (외지로 나간) 아들이 자기 고향으로 가는 것처럼 생각하여 편안하게 갈 수 있습니다.

또 하나는 평소에 수행을 아주 잘하지 못했어도 후회하지 않을 정도로 수행하면 다음 생에 대한 두려움을 제거할 수 있습니다. 예를 들면 제가 한국에 올 때 아는 사람 아무도 없이 그냥 오면 많이 걱정될 것입니다만, 준비해주는 사람과 아는 사람이 있어 편안하게 올 수 있는 것과 같습니다.

문) 공성과 보리심을 알고 실천함으로써 생기는 이익 내지 공덕은 어떤 것이 있을까요?
답) 공성에 대해 알아차림으로써 생기는 이익은 처음으로 공(성)에 대해 듣고 들음으로써 대충 알게 되고, 그 다음에는 대상(공성)과 익숙해지면 실제 눈으로 사물을 보는 것처럼 공(성)에 대해서도 실제로 볼 수 있고, 또 그 바탕으로 여러 가지가 익숙해지면 마지막으로 아라한의 경지까지도 갈 수 있습니다. 그것이 공성을 닦는 이익입니다.

공(성)에 대해 완벽하게 알아차린다 해도 아라한의 경지까지만 갈 수 있지 부처님의 경지까지는 갈 수 없습니다. 부처님의 경지까지 가려면 많은 복덕이 필요합니다. 많은 복덕을 쌓는 제일 좋은 방법은 보리심을 일으키는 것 말고는 없습니다. 그러니까 보리심의 공덕은 부처님의 경지까지 가는 방법입니다.

보리심을 처음으로 일으킬 때 일체중생을 위해 보리심을 일으켜야 합니다. 일체중생을 위해 거룩한 부처님이 되고 싶은 마음을 일으킬 때, 그 일체중생의 숫자만큼 많은 공덕을 쌓을 수 있습니다. 그 보리심의 마음 동기로 공양해도 일체중생의 숫자만큼 똑같은 복덕을 쌓을 수 있습니다. 복도 일체중생만큼 쌓을 수 있고, 업장도 일체중생만큼 업장을 소멸시킬 수 있습니다. 예를 들면 비행기나 새가 날 때 두 날개가 필요한 것처럼 우리도 부처님 경지까지 가려면, 보리심을 내고 공(성)에 대해 깨우치는 두 바탕이 되어 있어야 합니다.

문) 보리심이 현세의 행복을 넘어 내세의 행복까지 가져다준다고 합니다. 그런데 다른 사람의 이익을 위하는 것과 현세의 이익이 서로 상충되는 것은 아닌지요?

답) 마음 깊이 보리심이 일어나면 모든 자기의 소원을 이룰 수 있습니다. 마음속으로 보리심을 일으키면 복도 많이 쌓게 되고 자기가 하고 싶은 모든 것을 다 이룰 수 있습니다. 예를 들면 많은 사람을 위해 일하고 있는 사람은 누구든지 다 좋아합니다. 이와 같이 일체중생을 위해 보리심을 일으키는 만큼 자신의 일이 다 잘될 수 있습니다.

보리심을 일으키면 남을 해치지 않게 되고 그만큼 자기를 해치는 것도 줄어듭니다. 보리심을 진심으로 수행하면 몸은 아파도 마음속은 아프지 않습니다. 보리심을 일으키면 자신이 아파도 자기 아픔에 대해 생각하지 않고 남의 아픔에 대해 생각하기 때문에 자기 아픔을 잊어버린 것처럼 크게 아프지 않습니다. 보리심을 일으킬 수 있다면 몸이 아파도 마음 깊이 이것으로 자기 업장이 소멸될 수 있다고 생각하고 여러 가지로 수행을 더 깊게 할 수 있습니다.

문) 여러 수행법 중에서 한 가지를 집중적으로 수행하는 것과 다양한 수행법을 폭넓게 수행하는 것 중 어떤 것이 더 바람직한가요?

답) 여러 가지 수행법 중에, 예를 들어 열 가지 수행 방법이 있다면 그 중에서 어느 것이 자신에게 맞는지, 이익이 많은지를 잘 살펴야지 다른 사람 말만 듣고 따라 수행하면 안 됩니다. 수행하고 싶으면 그 수행에 대해 먼저 듣고 자세하게 알아야 합니다. 예를 들어 우리가 처음으로 일을 하게 될 때 그 일이 어떤지 생각해야 합니다. 이 일을 하면 돈을 얼마나 벌고, 어떤 이득이 있는지를 생각해서 그 일을 선택합니다. 이처럼 불교 수행도 이런 수행을 하면 자신에게 얼마나 이익이 있는지, 자신에게 얼마나 잘 맞는지를 살펴서 해야 합니다.

아까 제가 말씀드린 것처럼 공(성)에 대해서 깨우치지 못하면 번뇌를 제거할 수 없고, 번뇌를 제거할 수 없으면 아라한의 경지에 도달할 수 없습니다. 보리심을 일으키지 않으면 부처님의 경지까지 갈 수 없다고 말했지만, 아 린뽀체가 말씀하셨으니까 하고 100% 믿어서는 안 됩니다. 자신에게 이 말이 맞는지 안 맞는지 잘 살펴서 수행해야 합니다. 그러므로 들음은 아주 중요합니다. 우리들 대부분은 고통에서 벗어나기 위해 수행을 합니다. 우리가 고통에서 벗어나고 싶으면 그 고통의 원인이 무엇인지 찾아야 합니다. 그 원인을 우리가 제거할 수 있는지, 어떤 방법으로 하면 제일 빠르게 잘 제거할 수 있는지를 따져야 합니다.

들음만 있어도 안 됩니다. 예를 들어 우리가 큰 병이 들어 아프면 병이 나을 수 있는 여러 가지 약을 찾고 제일 좋은 약을 찾아도 먹지 않으면 나을 수 없는 것처럼 들음만 중히 여기고 행하지 않는다면 아무 소용없는 것과 같습니다.

일반적으로 종교를 믿고 안 믿고는 자기 자유입니다. 종교마다 자기(종교) 좋은 점에 대해서 말하고 있지만 무엇보다 본인이 종교에 대해 잘 살펴야 합니다.

문) 건강과 행복을 위한 명상법을 설명해 주십시오

답) 이번 생에 행복하기 위해서입니까? 아니면 다음 생에 행복하기 위해서입니까? (웃음)

사회) 질문하신 분, 이번 생인가요, 다음 생인가요? (사람들 웃음)

문) 이번 생입니다.

답) 재미있는 얘기가 있습니다. 옛날에 저희 절에 말 잘하는 스님이 있었습니다. "이번 생에 행복해지고 싶으면 다음 생에 불행해집니다. 다음 생에 행복해지고 싶으면 이번 생이 불행해집니다. 어느 생에 행복해지고 싶습니까?" 하고 물었더니 그 스님이 생각한 후에 "이번 생에 행복해지고 싶습니다." 이렇게 대답했습니다. (웃음) 이번 생에 행복해지고 싶다면 보리심을 일으키면 많은 사람들이 좋아하고 자연스럽게 자기가 하는 일도 이뤄지고 여러 가지로 행복해집니다. 윤회의 고통에 대해 생각하고, 이기심의 허물에 대해 생각하고, 이타심의 이익에 대해 생각하면서 지내면 어려운 일이 많아도 마음 깊숙이 행복해집니다. 마음 깊숙이 보리심을 일으키면 아플 때 약들도 저절로 생기고 무엇이든 마음대로 되며 저절로 좋아집니다. 그러니까 불법을 수행한다 하면 무엇이든 다 버리는 그런 것이 아닙니다. 어떤 수행자는 다 버리고, 아무 생각 안하고 그렇게 생각하지만 다 그런 것이 아닙니다.

일체중생을 위해 내가 보리심을 일으켜야 합니다. 보리심을 일으키기 위해 내가 불법을 수행해야 합니다. 이렇게 불법을 수행하기 위해선 여러 가지 좋은 조건이 필요합니다. 그런 생각을 함으로써 행한다면 그것들이 다 불법 수행입니다.

며칠 쉬기 위해 다른 조용한 곳으로 갈 때도 '제가 불법 수행 잘하기 위해 조용한 곳에서 휴식하겠다.' 하는 마음으로 가면 그것도 수행입니다. 다시 와서 수행을 좀 더 깊이 할 수 있으므로 그것도 수행입니다.

우리가 밥 먹을 때 '부처를 이루기 위해 이 몸이 필요합니다. 이 몸 부처 이루기 위해 이 몸에 의지해서 수행하겠습니다.' 하고 그런 마음으로 밥을 먹든지, 밥을 먹을 때에도 밥에 대해 집착하는 마음의 허물을 생각하고 좋은 마음 동기로 먹는 그 자체가 수행입니다. 수행하고자 하는 마음만 있으면 잠을 잘 때도 수행할 수 있습니다. 자기 전에 좋은 마음 동기로 자면 다음날 아침에 깰 때까지 편안하게 수행할 수 있습니다. 그 것도 수행입니다.

로종(마음 바꾸기 명상수행) 안에 처음과 끝의 가장 중요한 두 가지가 있습니다. 첫째는 마음 동기이고, 마지막은 회향입니다.

아침에 일어날 때 오늘 제가 부처를 이루기 위해 하루를 잘 지내겠다, 남을 해치지 않겠다, 좋지 않은 일을 전혀 하지 않겠다는 등의 이런 마음 동기로 지내면 그것도 수행입니다.

마지막 회향도 잠자기 전에 오늘 모든 행을 잘한 것인지 잘못한 것인지를 생각하여 잘한 것은 수희하고 잘못한 것은 참회하는 이런 것들도 바로 수행입니다. 일체중생을 위해 여러 가지를 회향해야 하는데 아들 딸 공부도 잘 시키고, 좋은 마음 동기로 아이들 잘 키우는 것도 수행입니다. 수행을 잘하면 부처님 법과 같이 행하고 있다는 생각이 들어 마음속으로도 기쁨이 생깁니다.

불법을 닦는 수행자들은 남이 자기를 해쳤을 때 그것을 전생의 업으로 생각해서 되갚아 남을 해치는 일을 하지 않습니다. 불법을 인정하지 않는 사람들은 남이 나를 해치면 어떻게 그 사람에게 보복하거나 해칠까 하는 생각을 할 수 있습니다.

불법 수행이라는 것은 기도나 예불 같은 형식뿐만 아니라 마음속으로 사유하는 방법, 즉 마음속의 사고방식을 말합니다. 꼭 예불하고 참선하는 이런 것만을 말하는 것은 아닙니다. 생활 속에서도 해야 할 것과 하지 말아야 할 것을 잘 살펴서 좋은 쪽으로 행하는 것 모두가 불법 수행입니다.

문) 우울함과 무기력감에 빠져 매일 매일을 겨우 살아가는 기분입니다. 어떻게 해야 활기차게 살 수 있을까요?

답) 어떻게 할까? (웃음) 우울한 마음으로 지내는 것이 어떤 허물이 있는지와 그 반대로 하면 어떤 이익이 있는지를 생각해야 합니다. 불법 상에서 말하면 무상(無常)에 대해 생각하고, 죽음에 대해 생각하고, 보리심의 이익에 대해 생각하면 그런 것들을 바꿀 수 있습니다.

저도 가게에서 일을 해 본적이 있습니다. 어떤 때는 일하고 싶지 않지만 그러면 돈이 안 나온다 그런 마음이 생기면 참고 일할 수 있습니다. 저는 일을 많이 해본 적은 없고 조금 해보았습니다. 미국에 처음 가서 일했을 때 가게에서 물건을 옮기고 개수를 파악하는 일을 해본 적이 있습니다. 가게에서 일할 때 물건을 차례대로 예쁘게 잘 정리해야 하는데 경험이 없어서 자꾸 틀렸습니다. 그럴 때 가게 주인이 여러 가지로 잘못되었다고 지적할 때 저는 화가 났습니다. 그럴 때 화내지 않겠다고 결심하거나 기도를 함으로써 가게에서 일할 때 도움이 되었습니다. 가게 주인이 와서 어떤 말을 해도 '네, 네…' 하면서 진언합니다. (웃음) 일하고 싶지 않은 어떤 날은 거짓말로 아프다고 할까 하는 생각도 났지만, 일하지 않아도 돈을 벌 수 있다면 그렇게 할 수 있습니다. 이건 제 경험입니다.

문) 죽고 나서 다시 태어난다고 하는데 윤회는 왜 하는 건가요? 윤회를 한다는 증거가 있나요?

답) 제 경험의 측면에서 다음 생에도 계속 윤회하는 것들이 있다고 말할 수는 없습니다. 그래도 논리적으로 보면 의식이 죽을 때 떨어지지 않고 계속 다음 생까지 연결되어서 윤회합니다. 불자가 아니더라도 전생을 기억하는 사람들은 많습니다. 그러니까 이렇게 전생이 있다면 다음 생도 반드시 있습니다. 그 이외 제 경험으로 다음 생이 있는지, 계속 윤회를 하는지에 대해서는 말할 수 없습니다.

문) 살생하지 말라는 계율에 따라 모두 육식을 하지 말아야 합니까?

답) 살생할 때 그 대상은 죽습니다. 그 대상은 마음속으로 두렵고 여러 가지로 아픕니다. 그러니까 남을 해치는 것이니 그렇게 하지 말라는 것입니다. 고기를 먹는 것에 대해 세 가지를 말합니다. 우리가 고기를 먹을 때 축생은 죽어야 되는데 그 때 자기를 먹기 위해 살생한 것을 알았을 때, 아니면 직접 몰라도 들어서 알았거나, 아마도 그럴지 모른다는 생각이 든다면 그 고기를 먹어서는 안 됩니다. 그렇지 않고 일반적으로 고기를 먹을 때는 고기에 대해 너무 집착하는 마음 없이 그냥 먹으면 좀 더 나을 것 같습니다.

티벳 사람들은 식당에 갈 때 살아있는 물고기를 보고 가리키며 "이거 내가 먹겠다." 하고서 먹지는 않습니다. 제가 모르고 어떤 식당에 갔을 때 팔이 많은 가재 두 마리가 있었습니다. 식당 주인이 이거 먹겠느냐 해서 무슨 말인지 모르고 '예, 먹겠다.'고 했는데 나중에 갈 때 가재 한 마리가 없어진 적이 있었습니다. (웃음) 그 외엔 먹은 적이 없습니다.

저도 고기를 먹고는 있습니다. 만약에 제가 고기를 안 먹어 그 축생에게 도움이 된다면 저는 고기를 전혀 먹지 않겠습니다. 인도 카쉬미르에서 어떤 친구들이 저에게 "린포체! 고기를 드시겠습니까?" 하고 물었습니다. 그 때 앞에 있는 닭을 죽일 것 같아서 먹지 않았습니다. 일주일 동안 고기를 안 먹었습니다. 기본적으로 부처님 당시에 고기공양을 하면 조금 먹습니다.

티벳에서는 고기를 먹더라도 축생을 위해 기도합니다. 그 중생을 생각하면서 그 중생을 위해 여러 가지 기도를 합니다. 할 수 있다면 고기를 전혀 먹지 않으면 제일 좋습니다. 맛있는 채식도 많으므로 그런 것들을 먹는 것이 좋습니다. 맛있는 채식요리법을 알고 싶습니다. 아는 사람들에게 채식으로 맛있게 먹는 법을 알려주고 싶습니다. 저도 이렇게 죽을 때까지 고기를 먹고 있습니다. 돈 없으면 어쩔 수 없습니다. (웃음)

문) 어제 중국인들에게 린뽀체 가족이 살해당하셨다는데 그럴 때 생기는 극단적인 분노는 어떻게 해야 합니까?

답) 그 소식은 아주 나중에 들었습니다. 죽을 때 옆에 있었다면 화가 많이 났을 겁니다. 오랜 시간이 지난 뒤 들어서 그런지 화나지 않았습니다. 중국 사람들이 티벳 사람을 많이 죽였지만 화내면 안 된다고 달라이 라마께서 말씀하십니다. 그 중국 사람들이 우리를 죽인 것은 위의 사람들이 시켜서 그런 것이고, 그 위의 사람들은 자기 번뇌를 모르고 자기 번뇌가 시킨 대로 했을 것입니다. 그러므로 그 사람들에게 자비심을 일으켜야 합니다.

우리를 해치는 사람에게도 화를 내면 안 됩니다. 그 사람들 자신이 우리를 해치는 것이 아니라 그 사람 마음속에 있는 분노나 화 같은 좋지 않은 마음 동기가 우리를 해치는 것이므로 그 사람 마음속의 그런 분노를 없애기 위해 기도도 하고 그래야 합니다.

보리심을 일으키기 아주 어렵다는 의미는 친한 친척과 우리가 싫어하는 원수 그리고 친척도 아니고 원수도 아닌 중생, 이 세 중생에 대한 평등한 마음과 자비심을 일으키기가 어려워 보리심 일으키는 것이 아주 어렵다고 합니다. 불법을 수행할 때 이런 마음으로 수행해야 합니다. 진실한 수행자의 원수는 마음속에 있는 번뇌, 화냄, 집착 이런 것들을 원수로 생각하고 그 중생들을 더 은혜롭게 생각해야 합니다.

문) 윤회에 대한 믿음이 잘 생기지 않는 경우에 어떻게 해야 합니까?

답) 전생부터 금생, 금생부터 다음 생… 이렇게 끝없이 윤회합니다. 전생이 있기 때문에 다음 생이 있습니다. 왜냐하면 의식은 여기서부터 시작했다고 말할 수 없습니다. 첫 번째 의식은 이것이고 그 전엔 없다고 말할 수 없습니다. 마찬가지로 마지막 의식도 말할 수 없습니다. 의식은 끝없이 흐르고 있기 때문에 전생과 다음 생이 있다고 합니다. 저도 잘 모르겠습니다.

문) 사람들은 억울함을 당하면 화나고 복수하려는 마음이 일어나는데 복수할 때와 상대하지 않고 피할 때, 나에게는 어떤 차이가 있습니까?

답) 허허… 예를 들면 누가 나를 칼로 찌르고, 제가 복수하면 다음 생에 과보를 받아야 하므로 의미가 없습니다. 내가 복수를 하든지 말든지 간에 상대방은 죽습니다. (웃음) 복수하는 마음처럼 나쁜 마음이 일어나면 너무너무 좋지 않습니다.

상대방이 나를 해치거나 할 때 첫 번째는 우리 전생의 업보로 생각하고, 두 번째는 해침을 당한 것이 내 전생의 이기심으로 인하여 좋지 않은 과보가 생겼다고 생각해야 합니다. 상대가 나를 계속 해치려 하면 원수에 대해 화냄으로 대처하지 않고 다른 방법을 찾아야 합니다. 원수가 나를 해칠 때 화내지 않고 다른 방법으로 대응하면 더 힘이 있습니다. 화를 내면 마음이 평화롭지 않고 여러 가지로 편안하지 않기 때문에 상대방이 해치는 것을 막을 수 없습니다. 화내지 않고 어떻게 막을 수 있을지 면밀히 생각함으로써 막을 수 있다면 더 좋습니다.

일반적으로 원수에게 다시 복수하면 원수가 더 많아집니다. 그렇게 말씀하십니다.

문) 마음이 고정된 실체가 아니라 의식의 연속체라고 하는 것에 대해 설명을 좀 해주십시오

답) 우리 마음은 어떤 때는 행복하고, 어떤 때는 불안하고, 어떤 때는 다스릴 수 있어, 이렇게 마음은 늘 변할 수 있기 때문에 그 실체가 없고 무상하다고 이야기합니다. 마음은 어떤 원인에 따라서 생긴 것이기 때문에 무상하고, 무상하기 때문에 실체가 없다고 하는 것입니다. 〈반야심경〉에

서 '색즉시공' 하는 것이 마음이 늘 인연 따라 변하기 때문에 마음의 실체가 없다고 이야기합니다.

그 외 마음의 자성에 대해서 저는 잘 모릅니다. 저는 옛날 사람입니다. 옛날 뇌이므로 현대 것은 잘 모릅니다. 제가 티벳에서 인도로 망명 올 때가 37세입니다. 그 때는 (현대과학 같은 것은) 잘 모르고, 인도에 와서 조금씩 알게 됐습니다. 제가 처음 미국에 있을 때 '문을 열다', '문을 닫다' 라고 배웠지 이렇게 자세하게 배운 적이 없습니다. 지금도 제가 영어를 잘 알지 못하는데 이는 전생에 영어의 습관이 없기 때문입니다. 영어 배울 때 너무 어려웠습니다. 전생에 많이 들어본 적이 없기 때문이라고 생각합니다. 다른 분들이 부처님 가르침 배울 때 쉽게 빠르게 배우기도 하는데 전생에 많이 습관을 들였기 때문에 쉽게 배우는 것이라고 생각합니다. 어떤 때 아이들이 살생하고 거짓말을 좋아하는 것은 전생에 많이 한 습관으로 그렇게 하는 것입니다. 또 어떤 아이들은 남을 생각하고 도와주는데 이것도 전생의 업, 전생의 습관 때문입니다. 이것이 전생, 다음 생이 있는 이유입니다. 저도 다음 생에 인간으로 태어나 영어를 배운다면, 지금보다는 빨리 배울 것입니다. 그러나 다음 생에 인간으로 태어날지 축생으로 태어날지 잘 모르겠습니다. (웃음)

문) 명상하는 방법(쫑까파 대사의 관상 명상법)에 대해 알려주십시오

답) 겔룩빠의 쫑까파 대사님께서 말씀하신 것에 대해 간단히 설명하겠습니다. 명상하기 전에 마음 동기가 잘 일어나야 됩니다. 마음 동기를 잘 일으키기 위해 시작 없는 전생부터 지금까지 고통스럽게 하는 것에 대해 생각함으로써 그것이 어떻게 된 것인지 원인을 따져보면 모두 다 어리석음, 즉 치심(痴心)을 바탕으로 된 것입니다. 그렇게 고통스럽게 만드는 뿌리는 아집이라는 뒤집힌 견해입니다. 뒤집힌 견해를 없앨 수 있는지 생각해보면, 뒤집힌 견해에 대한 올바른 해독제, 올바른 견해, 공성에 대해 깨우치는 마음 그런 것들을 생각해야 합니다.

그런 아집의 대상, 아(我), '나'라는 것은 어떻게 존재하는지 사유해야 합니다. 그러나 사실 그 뒤집힌 대상은 존재하지 않습니다. '나'라는 존재가 있다고 생각하는 견해에 대해 따져보면, '나'라는 것이 마음속에 튼튼하게 있는 것처럼 생각합니다. 그것이 있다면 나의 몸 말고 확실히 존재해야 합니다. 따져보면 내 몸 안에도 없고, 몸 밖에도 존재하지 않습니다.

'나'라는 견해가 튼튼하게 있다고 생각하는 견해를 막아야 합니다. 아집, '나'라는 것이 있다고 생각할 때, 내 몸 안에 존재한다면 지금의 몸과 같이 존재해야 합니다. 똑같이 존재한다면 전생의 기억은 하지 못합니다. 전생이 기억나지 않는 동기에는 여러 가지 허물이 있습니다. 아집의 나가 몸이 아니고 존재한다면 찾을 수 있어야 하는데, 그런 것들을 찾을 수 없습니다.

그러니까 '나'라는 존재가 마음속에 튼튼하게 존재한다는 생각을 바탕으로 여러 가지 고통들이 일어납니다. 그런 아집을 바탕으로 고통이 일어나는 것처럼 일체중생 역시 마음속의 아집을 바탕으로 고통이 생겨나기 때문에 그런 것들을 다 막을 수 있도록 부처님의 경지까지 갈 수 있도록 해야 합니다. 일체중생을 위해 깨달음을 얻겠다는 마음을 일으켜야 합니다.

쫑카빠 대사님께서 일곱 가지 명상하는 법에 대해 첫째 마음 동기로 생각하고, 도솔천에서 미륵보살님이 계시고, 미륵보살 가운데서 여러 가지 법문을 듣는다고 생각함으로써 관상해야 합니다. 그러니까 미륵보살님이 법문을 하실 때 제자 중에서 여러 스승들, 쫑카빠 대사나 아띠샤 스승 등 여러 제자들이 미륵보살님을 흰 구름 위에 모시는 것으로 생각해야 합니다. 그렇게 모실 때 세 가지 법좌의 가운데에 쫑카빠 대사님이 탱화나 사진을 보면서 그와 같이 계시다고 생각합니다.

쫑카빠 대사님이 달라이 라마가 관정을 줄때 쓰시는 노란 모자를 쓰고 계신다고 관상해야 합니다. 대사님께서 연꽃 방석 위에 앉아 계시고 오른손에는 지혜의 표시인 칼을 들고 계신 것을 관상하고, 왼손에는 경전을 들고 있는 것을 관상해야 합니다. 예를 들면 〈팔천송반야경〉 등을 관상해야 합니다. 만약 〈람림〉을 공부한다면 쫑카빠 대사님이 들고 계신 경전을 〈람림〉으로 생각하면 〈람림〉을 잘 배울 수 있는 특별한 인연이 생깁니다. 만약 과학을 배우는 사람이라면, 쫑카빠 대사님이 들고 있는 책을 과학책으로 생각하면 됩니다. 그때 쫑카빠 대사님께서 중생들을 구제하고자 자비로운 마음으로 바라보고 계신다고 관상해야 합니다. 쫑카빠 대사님 코가 좀 큽니다. (웃음)

그리고 두 분의 수제자를 관상해야 합니다. 게섭지는 50세 정도의 나이든 모습으로 관상해야 합니다. 게둡지는 승복을 입은 모습으로 관상해야 합니다. 두 손 안에 〈중보리도차제〉가 있는 것으로 생각해야 합니다.

우리가 친절하고 자비롭게 관상해야 하는 이유가 있습니다. 우리는 일반적으로 수행을 별로 안합니다. 이렇게 조금이라도 하게 됨으로 인해 이익이 있습니다. 쫑카빠 대사님이나 부처님은 늘 어떻게 하면 우리가 잘되게 할까를 생각하시기 때문에 우리가 조금만 해도 너무 기뻐하시기 때문에 기쁜 모습을 하고 계십니다. 그 다음에 쫑카빠 대사님과 수제자가 사자의 모습으로 공양 올리는 것으로 관상해야 합니다.

그 다음에 절을 합니다. 시작 없는 전생부터 받은 여러 몸을 인간의 몸으로 생각함으로써 쫑카빠 대사님 등 위대하신 분에게 절해야 합니다. 일어나서 절을 직접 안하고 마음으로 절해도 됩니다.

그 다음에 공양을 올립니다. 나에게 있는 것이 없더라도 마음으로 물과 꽃을 만들고, 또 향을 만들어서 여러 가지 공양을 올립니다. 공양 올릴 때 공양 받은 대상이 다 받으셨다 이렇게 생각하면 좋습니다.

그 다음에 참회합니다. 참회할 때 어렸을 때부터 지금까지 남에게 질투하고 화내고 했던 이런 지은 죄들을 참회해야 합니다.

그 다음에 수희합니다. 쫑카빠 대사님께서는 지금부터 사오백 년 전에 계셨지만 실제로는 문수보살의 화신입니다. 여러 가지로 중생을 구제하기 위한 쫑카빠 대사님의 행에 대해서 마음 깊이 수희해야 합니다.

그 다음에 법륜을 굴리시길 권청합니다. 권청할 때 대사님이 '하겠다' 라고 받아들이시는 것처럼 생각해야 합니다.

그 다음에 자신이 쌓은 공덕을 회향해야 합니다. 제가 쌓은 공덕으로 일체중생이 공성에 대해 깨우칠 수 있도록 보리심이 익을 수 있도록 회향해야 합니다.

그 다음에 쫑카빠 대사님이 갖추신 공덕을 다 생각해서 우리도 대사님처럼 될 수 있도록 하겠다고 기도하고, 일체중생들도 쫑카빠 대사님처럼 될 수 있도록 마음 깊이 기도해야 합니다. 그 중에서 아주 중요한 것은 방편과 지혜입니다. 방편은 보리심, 지혜는 공입니다. 이에 대해 밝게 아는 마음, 빨리 이 두 가지를 배워서 마음으로 익숙해지도록 습관으로 될 수 있도록 노력하고, 진실한 보리심과 공에 대해서 깨우침을 키울 수 있도록 노력하고, 일체중생도 보리심과 공성을 깨우칠 수 있도록 기도해야 합니다.

이것이 칠지 공양을 바탕으로 하는 기도의식입니다.

마지막으로 기도 중에서 일반적으로 부처님 가르침이 헤아릴 수 없이 넓은 세상에 퍼지도록 기도하거나 이 세상에 전쟁 같은 좋지 않은 것들을 소멸하기 위해 기도하는 등 여러 가지 기도도 할 수 있습니다. 이와 같이 자기와 관계있는 가족, 친척, 친구 등 살아있는 모든 분들과 돌아가신 분들도 빨리 부처님 경지까지 갈 수 있도록 쫑카빠 대사님의 기도를 따라 이렇게 관상해야 합니다.

공성과 연기

/ 중론스승 빨덴 닥빠 스님

중론으로 배우는 공성의 지

■ 일시 : 2008년 6월 6일 ~ 8일 ■ 장소 : 우리함께회관 수행센터 ■ 주최 : (사)법

게시 빨덴 닥빠 스님 *(Geshe Palden Drakpa)*

 빨덴 닥빠 스님께서는 1933년 티벳 캄 지방 떼호르에서 태어나셨다. 1947년 티벳 간덴 라케링 사원으로 출가하여 1951년 티벳 라싸의 데풍사원에서 경전 공부를 시작하셨다.

1959년에는 달라이 라마 존자님을 모시고 인도로 망명하였으며, 1974년 인도 데풍사원에서 게시 하람빠 학위를 받으셨다. 이후 1989년부터 지금까지 데풍사원에서 반야경전을 가르치고 계신다.

1976년부터 1988년까지 델리 티베트 도서관에서 불교학을 가르치셨으며, 1983년 미국 버지니아 대학 초청으로 불교 심리학을 가르치셨다. 2003년에는 미국 에모리 대학의 초청으로 <중론>의 가르침을 펴셨다.

2007년에는 인도 라닥 불교대학에서 4개월간 불교학을 가르치셨으며, 이듬해인 2008년에 한국에 오셔서 동국대학교와 참여불교 재가연대에서 중론, 공사상 등을 강의하셨다.

이 법문은 남인도 티벳 드레풍 사원의 중론스승
게시 빨덴 닥빠 스님을 모시고, 2008년 9월 23, 24일 이틀에 걸쳐
개최한 문답법회의 내용을 녹취한 것입니다.

[첫째 날 9월 23일]

삼귀의 후 큰스님의 여는 법문으로 시작하다.

티벳말로 '담짜'라는 말이 있습니다. 한 두 스님이 앞에 앉고, 대중 스님이 두루두루 함께 앞에 앉아 질문하면 앞에 앉은 스님이 대답하면서 서로 논쟁도 하고 토론하는 것을 '담짜'라고 합니다. 오늘 문답법회도 그것과 비슷한 것 같습니다.

티벳에서 '담짜'를 할 때 한 번이나 몇 번의 대답으로 끝나지 않고, 논리적 허점 같은 것을 묻고 또 묻고 하여 끊임없이 논쟁합니다. 그러나 오늘 자리는 그렇게 할 정도로 시간이 많지 않으므로 여러분이 질문하신 것에 대해 제가 대답하는 정도로 천천히 말씀드리겠습니다. 보통 담짜를 할 때면 주제를 먼저 정하는데, 오늘은 제가 두 가지를 먼저 말씀드리겠습니다. 첫째, 우리 불교가 마음, 또는 의식을 어떻게 보는가에 대한 것입니다. 마음에 대한 불교의 견해 가운데 첫 번째는 우리 마음이 시작 없는 때로부터 끊어짐 없이 연결되고 있다는 점입니다. 의식은 죽음으로도 끊어지지 않고 계속 상속됩니다. 두 번째는 우리 마음이 좋은 습을 들이면 좋게 변하고, 나쁜 습을 들이면 나쁘게 변하는 변할 수 있는 속성이 있다는 것입니다. 의식은 끊어지지 않고 지속되며, 의식은 변하고 발전할 수 있습니다.

전생, 다음 생이 있다는 등의 불교 가르침에 대해 우리들은 믿어 왔지만 현대의 사람들은 그것만으로 수긍하지 않는 경우가 많습니다. 왜 그런지 논리적으로 증명해 주어야 받아들이기 쉽습니다.

또 중요한 것이 있습니다. 우리들은 흔히 전생, 다음 생 모두 있다고 말하지만, 요즘 젊은이들은 과학의 발전 때문에 이런 것들을 그냥 받아들이지 않습니다. 논리적으로 과학적으로 설명하지 않으면 안 됩니다. 어떤 이들은 공산주의 견해에 근거해서 전생 다음 생은 없다고 말하고, 또 어떤 이들은 과학적으로 받아들일 수 없기 때문에 받아들이지 않습니다. 요즘 과학자들의 경우도 마음에 대한 연구를 발전시키고 있지만, 죽을 때 의식도 사라진다고 하여 의식의 상속에 대해서는 인정하지 않습니다. 이와 같이 이념이나 과학의 위협에 흔들리지 않으려면 논리적이고 과학적으로 불교의 가르침을 생각해야 합니다.

티벳 사람들은 (중국의) 공산주의가 종교 활동을 못하게 해 많은 고통을 겪었습니다. 티벳의 젊은 사람들도 불교의 가르침들은 과학과 같은 것 때문에 믿을 수 없다고 하는 경우도 있습니다. 한국에서는 종교의 자유도 있고, 또 오늘 모이신 분들처럼 법에 대한 관심을 갖고 있는 분도 있어 매우 기쁩니다.

제일 중요한 것은 법칭보살(다르마끼르띠)께서 〈인명학〉에서 말씀하셨듯이 지금 이 순간의 의식은 물질이 변하여 된 것도 아니고, 지금 의식이 존재하려면 반드시 직전에 상속된 의식이 있어야 하므로 이런 이유로 전생이 있다고 말씀하신 것입니다. 이렇게 전생이 있다면 수많은 전생과 다음 생이 있음을 논리적으로 받아들일 수 있습니다.

부처님 가르침에서 가장 중요한 것은 보리심입니다. 그런데 의식의 상속 차원에서 전생, 다음 생이 없다면 우리 마음에서 보리심도 생길 수 없습니다. 이 정도까지 말씀드리고, 질문에 대해 답변 드리겠습니다.

문) 한국에서 108배를 할 때 예불문을 읽으면서 하는데요 이유는 108배 셈하기에 편리함과 잡념을 없애기 좋아서입니다. 티벳 불교에서는 108배나 오체투지 할 때 카운트하기 좋은 방법이 어떤 것이 있는지 궁금합니다.

답) 티벳에서 108배 진언하면서 기도하는 것은 없지만, 죄업참회를 위해 35분의 부처님 명호를 부르고 예경하면서 절하는 전통이 있습니다.

문) 티벳 불교에서는 나무아미타불(옴 아미데와 수리)이 보편적인지 궁금합니다. 문수보살이나 관세음보살 진언만큼 대중적인가요?

답) 티벳에서도 아미타불 진언, 문수보살 진언, 관세음보살 진언 등을 다 합니다. 진언할 때 예를 들면 관세음보살 진언 윌 때는 '저도 관세음보살님처럼 자비롭게 살게 하소서.', 아미타불 진언할 때는 '아미타부처님처럼 자비와 큰 가피 내리소서.', 문수보살 기도할 때는 '문수보살님과 같은 지혜 생기게 하소서.' 라는 식으로 마음먹으며 합니다.

그런데 티벳 사람들은 많은 보살님 가운데서도 '젠레식(관세음보살)' 진언을 가장 많이 합니다. 티벳에서는 달라이 라마 존자님을 관세음보살의 화신으로 생각하고, 빤첸 라마는 아미타부처님의 화신으로 여깁니다.

경전에 나온 말은 아니지만, 과거에 듣기로는 중국은 문수보살님께서 특별히 아끼는 곳이라 지혜 쪽으로 많이 발전해있다고 들었고, 티벳은 관세음보살님께서 특별히 가피하신 곳이라 조금 더 자비롭다고 하는 것을 들었습니다. 그러니까 한국도 과거에 역사 속에서 중국과 관련 있고, 문수보살님과 인연이 있어 지혜로운 것 같습니다. (웃음)

오늘 제가 부산에서 서울까지 기차로 올 때 한국의 많은 발전상을 보면서 한 두 사람이 아니라 여러 사람이 엄청난 변화를 이루어냈구나 하는 생각이 들었습니다. 이렇게 물질적인 발전을 이루었듯이 이와 같이 불교 쪽으로도 관심을 가진다면 큰 발전이 가능하지 않을까, 그러면 얼마나 좋을까 그런 생각했습니다.

문) 불교뿐만 아니라 여타 종교들이 기복 신앙적인 부분이 너무도 다분합니다. 저도 예를 들어 달라이 라마 존자님의 장수기원과 부모님의 장수를 기원하고 있습니다만 문득 이것 또한 기복신앙의 형태가 아닌가 싶어 주저하는 순간이 생기기도 합니다. 불교가 인간의 운명을 바꾸거나 좋게 한다거나 소원성취의 목적이 가능하다면 어떻게 가능한건지, 나아가 기복적인 것을 어떻게 봐야 하는지 알고 싶습니다.

답) 우리가 기복 불교라고 해서 낮게 생각하지만, 인도에서 대스승들이 부처님 가르침 가운데 우리가 빨리 복 지을 수 있는 방법을 만든 것입니다. 우리가 이런 여러 방법으로 복을 짓는다면 그 복의 힘으로 우리의 원이 일시적으로 이루어질 수 있습니다. 그렇다고 해서 이것이 핵심이라고 볼 수는 없습니다. 약으로 비유하면 진통제에 해당할 뿐 근본적인 고통을 해결할 수 있는 것은 아닙니다.

복 지을 때 제일 중요한 것은 마음 동기에 달려있습니다. 현대인들이 병에서 낫거나, 장사가 잘되거나, 시험을 잘 치르거나 하는 현생의 작은 소원들을 이루기 위해 복 짓는다면 복의 힘도 그 정도밖에 없습니다. 그렇지 않고 마음 동기에서 살아있는 모든 존재, 일체중생을 위해 큰 마음 동기로 한다면 그만큼 큰 힘이 있습니다. 복을 쌓는 행위가 아니라 주로 마음 동기에 달려 있습니다.

현생의 어려움에서 벗어나기 위한 보시나 기도 등을 통해 일시적인 소원을 이룰 수 있습니다. 십악을 제거하고 십선행을 함으로써 일시적으로 다음 생에 악도에 떨어지지 않게 할 수 있지만, 궁극적인 것을 얻거나 근본적인 문제를 해결할 수는 없습니다.

십불선의 탐·진·치는 삼독의 탐·진·치와는 약간 다릅니다. 십불선에서 '탐'하면 자기 것으로 만들려고 하는 탐착을 말하고, '진'하면 남을 해치려고 하는 마음, '치'라고 하면 일반적인 무지가 아니고 사견을 말합니다. 자비명상을 통해서 탐착을 어느 정도 덜 수 있지만, 근본적으로 해결할 수는 없습니다. 근본적으로 해결하는 방법은 '나'라고 집착하는 '아집'과 반대되는 그 지혜를 통해서 밖에 없습니다. 그렇게 때문에 십선행을 열심히 하는 것으로 일시적으로 다음 생에 악도에 떨어지지 않게 만들 수 있지만 윤회의 근본을 해결할 수는 없습니다.

〈람림〉에서도 중사도에서부터 윤회의 근본문제를 해결하는 것을 가르치지 하사도의 수행으로는 탐착, 해침, 사견을 줄이는 정도입니다. 그러니까 한국 사람들이 공성에 대해서 배우기를 좋아하고, 참선하고… 이런 이유도 윤회의 근본적인 문제를 해결하기 위한 것일 것입니다.

성천보살(아리야데바)께서 〈사백론〉에서 "미세한 연기를 바르게 본다면 무명은 없어진다. 그러므로 우리의 모든 노력은 연기를 깨닫기 위해 써야 한다."고 하셨습니다. 그렇기 때문에 기복도 도움은 되지만, 근본문제를 해결할 수 없기에 연기와 공성을 깨달아야 윤회의 근본문제를 깨달을 수 있습니다. 그러므로 우리의 모든 노력, 최선의 노력을 공성과 연기 깨닫는 쪽으로 써야 합니다. 연기와 공성을 아주 친한 형제처럼 여겨야 합니다. 하나의 대상에 대해 연기는 긍정적으로 표현하는 것이고, 공성은 부정적으로 표현하는 것입니다. 서로 밀접한 관계가 있습니다. 가장 중요하게 기억해야 할 것은 공을 깨달은 것인지 아닌지 스스로 알 수 있다는 것입니다. 만약 공을 제대로 깨달으면 인과와 연기의 가르침들을 더 깊이 받아들이고 크게 믿게 됩니다. 그러나 공을 바르게 이해하지 못하면 공하다 해서 다 허무하다고, 없다고 무시하게 됩니다. 이것은 공을 바르게 깨닫지 못한 것입니다. 이 점이 매우 중요합니다.

문) 공성을 깨달아 마음도, 죄도 실체가 없음을 알게 된 사람도 참회수행이 필요합니까? 만약 그렇다면 그 이유는 무엇입니까?

답) 이 질문에 대한 대답은 앞에서 대강 하였습니다. 공성을 제대로 깨닫게 되면, 불선업 지었을 때 더 깊이 참회할 수 있게 됩니다. 공하다고 하여 죄도 없고, 참회도 할 필요가 없다고 생각하면 안 됩니다.

문) 가까운 가족이나 친구가 정신적인 고통에 빠져있을 때(예를 들어 우울증이나 심한 스트레스, 직장에서의 동료 간 불화 등) 제가 어떻게 그들을 도와야 할지 모르겠습니다. 단지 수행 중에 그들을 떠올려 자비의 에너지를 보내고, 평소에는 위로의 말을 해주는 것 이외에는 달리 도와줄 방법이 없어 제

자신이 무력함을 느낄 때가 있습니다. 어떻게 해야 할까요?

답) 문제가 해결되는데 도움이 되도록 좋은 말을 해줘야 합니다. 그렇게 해서 상대방의 마음을 좀 더 풀어주면 좋습니다. 티벳의 고승 라뙤 린뽀체께서는 "행복해지고 싶다면 아래를 보라. 고통스럽고 싶다면 위를 보라." 고 말씀하셨습니다. 행복을 원하는 사람은 자기보다 힘들고 괴로운 사람을 보고, 고통 받고 싶다면 자기보다 위의 사람을 보면 질투심이 나고 괴롭게 됩니다. 이런 좋은 말을 해주어 도움을 주어야 합니다.

산티데바께서 〈입보리행론〉에 "해결할 수 있다면 걱정할 필요 없이 하면 되고, 할 수 없다면 걱정하는 것이 무슨 도움이 되는가." 라고 말씀하셨습니다. 어떤 상황에 닥치면 해결할 수 있는 문제인지 아닌지 보고, 남이 고통으로부터 조금이라도 나아지는데 도움을 주어야 합니다. 일반적인 도움과 더불어 부처님 가르침에 근거한 도움을 주어야 합니다. 저도 어려움을 당했을 때 남으로부터 도움을 받은 적이 있습니다. 어려움을 당했을 때 주변 사람에게서 도움을 받으면 큰 힘이 됩니다.

우울증이나 정신적인 문제나 고통의 경우 인간 아닌 것으로부터 당하는 해침도 있습니다. 그럴 때 티벳에서는 기도를 올리는 등 여러 해결 방법들이 있습니다. 자기 복이 약하여 해침을 당하는 경우도 있으므로 기도 등을 통해서 이런 문제가 해결될 수도 있는 것입니다.

자기 복이 부족할 때 사람이나 사람 아닌 것의 해침이 쉬워집니다. 예전에 저도 눈에 상처 난 적이 있었는데, 여러 사람이 같이 있었지만 제 눈에만 벌레들이 계속 들어가 괴로웠던 적이 있습니다. 이와 마찬가지로 복이 부족하면 해치는 것들도 그 대상에게 더 달려들게 됩니다. 그렇기 때문에 복 짓는 기도의 힘으로 이런 문제들을 해결할 수 있는 것입니다. (웃음) 정치적인 문제에 대해서도 제가 이야기 좀 하고 싶습니다. 중국이 티벳을 침략할 때 티벳 내에서도 서로 화합되지 않고 힘을 모으지 못해 약해져서 중국이 쉽게 티벳을 침략할 수 있었습니다. 대만은 자기 힘이 있었기 때문에 중국이 침략하지 못했습니다.

문) 열반이나 공성을 체험하더라도 그때 적어도 그것을 아는 의식이 있다면, 이러한 순수의식이나 정광명(淨光明)을 '나' 라고 여길 수 있지 않을까요?

답) 공을 깨우치는 의식은 미세한 의식, 아주 미세한 의식 등 여러 가지가 있습니다. 지금 우리가 공을 깨우치는 의식은 아주 미세한 의식이라고는 말할 수 없습니다. 정광명이라는 그 미세한 의식은 현교, 밀교로 나눌 때 밀교의 아주 깊은 상태에서 일어나 공을 깨닫는 것이지, 현교에서의 가장 미세한 의식으로조차 공을 깨달을 수는 없다고 말합니다.

미세한 의식, 정광명 역시 의식이기 때문에 나의 한 부분이지 그것을 나라고 말할 수는 없습니다. 나의 몸, 나의 마음도 나의 한 부분이지 나라고 할 수 없습니다. 가명으로 이름만 붙인 것입니다. 다리, 받침, 이런 것 모두를 모아서 책상이라고 이름 붙인 것일 뿐 실제로는 책상을 찾을 수 없습니다. 이와 마찬가지로 정광명도 나의 한 부분이지 나가 아닙니다. 불교의 여러 학파 가운데 나의 의식 또는 의식의 상속을 '나' 라고 주장하는 경우가 많습니다. 그 이유에 대해 나름대로 여러 가지를 말하기도 합니다.

간단히 말하면 '나의 마음' 할 때 그 마음은 나의 한 부분입니다. 만약 마음 자체가 '나' 라면, 나의 마음이라고 표현할 수 없을 것입니다. 나의 마음, 나의 몸 이런 것들은 모두 나의 부분이지, 나 자체가 아닙니다. 이런 것들은 논쟁을 통해서 결정해야 합니다.

문) 부처님께서도 의식의 연속체가 있으신가요?

답) 부처님께서도 의식의 연속체가 있습니다. 의식이 이어지는 상속, 흐름이 있습니다. 비유하면 우리 마음의 상태는 '더러운 물' 의 상태입니다. 더럽게 물들어 있는 상태입니다. 그러나 이 더러운 물이 깨끗해질 수 있듯이 이 물 자체 안에도 깨끗해질 수 있는 어떤 성품이 있습니다. 마찬가지로 우리 마음도 더러운 요소들이 사라지면서 깨끗한 마음만이 남을 수 있습니다. 이 깨끗한 마음이 부처님 마음입니다. 우리가 크게 화가 날 때 지혜가 사라지고, 쓸데없는 말을 하고, 물건을 부수는 등 여러 행위들을 하게 됩니다. 그러나 진정되고 나면 자신의 행위를 부끄러워하게 됩니다. 이렇게 화와 분리가 됩니다. 부처님께도 더러운 마음은 없지만 깨끗한 마음의 상속은 있습니다.

화내는 것이 이익이 안 됨을 정치하는 사람들조차 잘 알고 있습니다. 누군가 화나게 하더라도 화내지 않고, 화가 나더라도 표 나지 않게 웃으면서 준비합니다. 자신의 이익을 위해서 미리 준비해 밖에서 어떤 사람이 화나게 하더라도 화내지 않습니다. 약한 인욕을 하는 셈입니다. (웃음)

우리가 화냄에 대해 명상할 때 그 대상이 떠오르면 옆에 없더라도 마치 지금 내 앞에 있는 것처럼 관상할 수 있습니다. 이와 마찬가지로 화내지 않는 것에 대해서도 얼마든지 할 수 있습니다. 우리 마음은 화냄이나 집착에 익숙해져 있어 매우 커질 수 있듯이 그와 반대로 화를 줄이고 집착을 줄이는 것도 충분히 명상할 수 있습니다.

문) 목련존자는 아라한임에도 과보로 죽음을 당했습니다. 이와 같이 과보가 어떻게 해서도 피할 수 없는 것이라면, 진언, 기도의 힘이나 밀교스승의 힘으로 악업을 피하는 것이 서로 모순되는 것 아닌가요?

답) 맞습니다. 그런 의심 생길 수 있습니다. 목련존자는 신통제일이지만 죽음에 처했을 때 신통력을 발휘 못하고 죽음을 당했습니다. 불교학파 안에 여러 견해들이 있습니다. 나라의 국법을 어기면 처벌 받아야 하지만 벌을 조금 줄이는 방법이 있듯이 불법 안에서도 과보는 반드시 받아야 하지만 기도 등으로 조금 줄일 수 있다고 생각하는 입장이 있습니다. 설일체유부나 경부에서의 견해는 부처님께서도 과보를 피할 수 없어 발바닥에 상처가 나거나 산위에서 떨어진 돌덩어리로 발가락이 잘린 경우가 있었다고 합니다. 소승불교의 어떤 나라에서는 이를 사실로 받아들여 불상을 조성할 때 발가락 하나 없는 불상을 조성하기도 합니다. (웃음) 또 부처님께서 더러운 물을 마신 것도 그렇습니다.

이런 것들이 모두 인과를 믿게 하기 위해 방편으로 말씀하신 것이지 실제로 부처님께서 상처를 입었던 것은 아닙니다. 부처님 몸에 상처를 입힐 수 없습니다. 불교에서는 몇 가지 불가사의를 이야기합니다. 인과에 대한 불가사의, 만트라나 신들의 불가사의, 선정의 불가사의 등 여러 가지가 있습니다. 그 가운데서 '인과의 불가사의'가 있습니다. 우리가 인과에 대해서 제대로 알아야 하지만 인과의 아주 미세한 것까지 알 수는 없습니다. 월칭보살님께서 〈입중론〉에서 "인과에 대해 궁극적으로 따지지는 말라."고 하셨습니다. 부처님만이 일체지로 인과의 전체를 다 알 뿐 우리가 이걸 다 알 수는 없습니다.

티벳 사람들이 흔히 말하는 "다 업(業)입니다." 말에 중국 사람들은 부정적으로 이렇게 말하곤 합니다. "너희들 말대로 다 업이라면 누워 있어도 먹을 것이 떨어져야 하는 것 아니냐?"고요. 여러분들은 어떻게 생각하십니까? 어떻게 대답하겠습니까? 먹을 것이 입 안에 저절로 떨어지지 않는 것 그 자체도 업입니다. (웃음)

어떤 사람들은 열심히 일해도 먹고 살기 힘들고, 어떤 사람들은 가만히 있어도 먹을 것, 입을 것이 저절로 생기는 이런 것들은 분명히 업으로 설명할 수 있습니다. 그러나 이걸 잘못 받아들이면 위험합니다. 달라이 라마 존자님께서 쓰신 〈불교의 핵심교리〉 안에는 다른 종교 사람들의 질문에 대한 답변이 있습니다.

거기에 보면 "살생을 많이 해도 오래 사는 사람이 있고, 도둑질을 많이 해도 잘사는 사람이 있는데, 이것은 인과에 틀리는 것 아니냐?"고 질문하는 것이 나옵니다. 티벳 본토의 어떤 존경받는 린뽀체께서 매우 많이 아픈 적이 있으셨습니다. 시봉하는 제자들이 "스님께서는 왜 평소에 수행도 열심히 하시는데 아프냐, 인과가 맞는다면 왜 이렇게 힘드냐?"고

문자 그 린뽀체께서는 "인과가 있기 때문에, 내가 매우 큰 복이 있기 때문에 지금 아픈 것이다. 삼악도에 떨어질 과보를 지금 이렇게 아픈 것으로 받고 있는데 무슨 말을 하느냐?"고 말씀하셨습니다. 이 정도로 설명하겠습니다.

문) 〈중론〉에서는 열반도 없다고 하는데, 그렇다면 우리 수행의 목적이 없어지는 것 아닌가요? 열반이란 대체 무엇인가요?

답) 열반은 티벳어로 '냥떼'라고 하는데, 고통에서 벗어남을 의미합니다. 열반을 얻어야 한다 했을 때 얻어야 할 외부의 어떤 것으로 집착하기 쉽습니다. 그러나 〈중론〉에서 말하는 열반이 없다는 말은 열반은 있는데, 우리가 생각하는 것처럼 없다는 뜻이지, 열반이 아예 없다는 뜻이 아닙니다. 열반도 실재가 없고, 독립적으로 없고, 우리가 생각하듯이 없다는 의미입니다.

윤회와 열반은 둘 다 있습니다. 윤회에서 벗어날 때 저절로 벗어날 수 없고, 우리의 노력을 통해서 벗어나는 것입니다. 열반도 윤회도 무언가 독립적으로 존재하는 것이 아닙니다. 윤회가 연기적으로 있기 때문에 우리의 노력으로 벗어날 수 있다는 것, 그것이 열반입니다. 예전에 처사님께서 부처님도 공이라면 없는 것 아니냐고 질문하였었는데 그것도 마찬가지입니다. 공하기 때문에 연기적으로 부처의 경지 이룰 수 있는 것입니다.

우리의 생각이 실제와 다른 것들이 많습니다. 예를 들면 글을 쓸 때 우리는 저절로 자연스럽게 글을 쓰는 것으로 생각하지만, 사실은 어렸을 때부터 매우 많은 노력과 연습으로 쓸 수 있게 된 것입니다. 그러나 사람들은 우리들이 글 쓰는 능력을 애초부터 갖고 있었던 것으로 자연스럽게 갖고 있는 것처럼 생각합니다. 말도 마찬가지입니다. 아마 자신의 자성으로 한국말을 한다고 생각하고 있을 것입니다. 티벳 사람들도 티벳말 할 때 자성으로 그렇게 잘하고 있다고 생각합니다. 그렇지만 실제로는 그렇지 않습니다. 말이나 글이 그냥 저절로 알아진 것이라면 아무 교육이나 연습할 필요 없이 다 잘해야 하는데 그렇지 않습니다. 이와 같이 우리가 생각하는 것과 현실은 맞지 않는 경우가 매우 많습니다.

〈중론〉의 처음에는 '의지하여 나타나기 때문에…'로 시작합니다. 공성도 연기에서 벗어날 수 없기 때문에 처음부터 연기로 시작하였습니다. 얼마 전 다람살라에서 한국 불자들을 위해 달라이 라마 존자님께서 법문하실 때도 연기 쪽으로 많이 생각해야 한다는 말씀을 하셨다고 들었습니다. 그렇습니까? 예… 마찬가지로 연기 쪽으로 많이 생각해야 공성과 가까워집니다. 용수보살님께서 〈중론〉에서 공에 대해 말씀하실 때 연기를 주로 말씀하셨습니다. 공은 '없다'가 아니라 연기적으로 나타나기 때문에 우리가 생각하듯이 없다는 것입니다.

문) 무명 때문에 우리가 늘 실제를 틀리게 인식한다고 하는데, 존재나 현상의 실제와 우리의 인지에는 구체적으로 어떤 차이가 있는 것인지요? 예를 들어주시면 고맙겠습니다.

답) 우리가 생각하는 것과 실제의 존재는 다릅니다. 어린 아기들은 TV를 볼 때 화면이 아니라 실제로 사람이 움직이는 것이라 생각하여 만지려 듭니다. 또 물에 하늘이 비칠 때 그것이 실제로 있는 것이라 생각하여 잡으려 합니다. 이와 마찬가지로 실제와 우리가 생각하는 방식은 매우 큰 차이가 있습니다. 우리가 생각하는 대로 존재하지 않는 바로 그것만을 공성이라고 합니다.

얕은 물에 하늘이 비칠 때 매우 깊은 물처럼 보이지만 실제로는 얕습니다. 경험을 통해 알기 전에는 우리가 실제를 보지 못하는 것입니다. 또한 우리가 남을 잘 속이는 사기꾼을 볼 때 실제와 바깥에 보이는 모습도 매우 다릅니다. 겉으로는 솔직하고 매우 신사적으로 보이지만 속은 다릅니다. 그를 잘 모르는 사람은 겉만 보고 매우 좋은 사람이라고 생각할 수 있지만, 그를 잘 아는 사람들은 그것이 꾸미는 것이라고 다 압니다. 이러한 측면에서 진제와 속제로 비유할 수도 있습니다. 부처님께서 완벽하게 진실의 측면에서 다 보고 계십니다.

문) 공성을 처음에는 생각으로 이해하다가 나중에 생각 없이 이해할 수 있는 단계에 이르면, 이것과 화상 마하야나가 이야기했던 무념(無念)과 어떻게 다른 것인가요?

답) 그 질문에 대해서 제 경험을 바탕으로는 말씀드릴 수 없습니다. 우리가 공성을 처음 깨닫기 위해서는 논리와 이유에 의지해서 사유 분석을 통해야 합니다. 이렇게 하여 깨닫고 점점 익숙해지면 분석 없이 직접 보는 것처럼 공성을 체험할 수 있습니다. 예를 들면 어떤 사람이 도둑이라 할 때 처음에는 그가 도둑인지 아닌지 분석합니다만 나중에는 저절로 도둑이라고 아는 생각이 일어나는 것과 같습니다. 이와 같이 공성에 대해서도 익숙해져 저절로 알게 되는 단계가 있습니다.

화상 마하야나의 무념에 대해서는 제 경험으로 말씀드릴 수는 없습니다. 다만 무념에 대해서는 여러 말들이 있습니다. 정확하게 말씀드리기 어렵습니다. 한국의 큰스님들이 '무념'이라는 것을 말했다면 어떤 상황에서 그랬을 수 있다고 생각합니다. 중요한 것은 달라이 라마 존자님이 유명하니까 큰스님이 말씀하셨으니까 무조건 옳다고 생각할 것이 아니고, 정말 옳은지 그른지 우리 스스로가 조사해서 확신할 수 있어야 한다는 것입니다.

결론적으로 공성을 체득한다면 연기와 인과에 대해 더욱 깊어지고 신심이 생깁니다. 반대로 공성을 깨달았다고 인과를 무시한다면, 이는 공성을 실제로는 깨치지 못한 것입니다.

요즘 불교와 과학이 이어지는 것은 연기의 측면에서입니다. 예전에 미국에서 과학자들이 모이는 학술대회에 달라이 라마 존자님께서 초청되셨는데, 중국 과학자들이 "달라이 라마는 과학자가 아니므로 참석할 수 없다.”고 반대했는데, 다른 서양 과학자들이 “달라이 라마 존자는 과학자다. 매우 과학적인 인식을 바탕으로 말씀하신다.”고 주장하여 그 회의에 참여하셨던 일화가 있습니다. 혹시 들어본 적이 있습니까?

여러분들의 자식 세대들은 과학 공부를 많이 하기 때문에 우리들이 과학적이고 논리적으로 설명하지 않으면 부처님 말씀이라 하더라도 무조건 받아들이지 않습니다. 예전에 제 고향(캄)에서 인도로 망명 온 젊은 세 사람을 만난 적이 있습니다. 그런데 그 사람들이 불교나 종교 공부는 필요 없고, 영어나 이런 것들을 배우겠다고 말하는 것을 들었습니다. 어렸을 때부터 공산주의 교육을 받고 자라나 종교에 대한 편견 같은 것을 가지게 된 것입니다. 이처럼 우리 스스로가 매우 조심해서 준비하고 불교를 잘 배우지 못하면 불교의 미래도 위험할 수 있습니다. 한국에 계신 여러분이 이렇게 공성이나 연기에 대한 공부를 잘하니 수희찬탄 드리고 싶습니다.

요즘에는 달라이 라마 존자님께서 사미니 스님까지도 다 교육을 받게 하고 있습니다. 또 티벳 젊은 스님들이 옛 전통을 배우면서 과학도 함께 배울 수 있도록 하고 있습니다. 컴퓨터나 과학들을 배우게 합니다. 예전에 달라이 라마 존자님과 서양 과학자들이 처음 만났을 때 저도 참석했었습니다. 그때 과학자들과 함께 공감한 것이 “과학자들이 자기 주관을 강하게 세우면 제대로 된 연구를 할 수 없듯이 종교 역시 내 종교라 해서 집착하고 지키려고만 한다면 많은 것을 아는 데 장애가 된다.”는 것이었습니다. 종교 역시 과학과 마찬가지로 자신의 종교가 왜 중요한지 그 이유를 잘 알아야 흔들리지 않고 깊이 지닐 수 있습니다. 너무 오래 하면 힘들 테니까 이정도로 하겠습니다. 내일도 오늘처럼 각자 준비하여 이야기하면 좋겠습니다.

몸이 아픈 것으로 알고 있는 보살님도 나와 계시는데, 몸이 아파도 기도하고 수행하는 것이 좋습니다. 내가 이렇게 수행하는데도 아픈 것이 낫지 않는다고 생각하지 말아야 합니다. 기도의 과보가 따로 있고, 아픈 원인도 따로 있습니다. 기도함으로써 몸이 아프다면 이 아픔으로 더 큰 고통이 사라지는 것을, 큰 복 지어 더 큰 고통 받지 않는다는 것을 알아 인과에 대해 더 큰 믿음을 가져야 합니다.

또 다른 예가 하나 있습니다. 제가 예전에 인도로 망명 올 때 부탄을 통해서 왔습니다. 어떤 분이 가사에 총까지 맞는 등 너무 힘들게 넘어 왔다고 말하자 그 때 함께 온 노스님 한 분이 이런 말씀을 하셨습니다. "가사의 가피로 총을 몸에 맞지 않고 옷에만 맞았는데, 왜 그렇게 생각하느냐?" 고요. 이렇듯 어떻게 생각하느냐에 따라 똑같은 일도 아주 다르게 받아들여집니다.

중국이 침략할 때 어떤 수행자들의 경우 총알에 잘 맞지 않는 경우도 있었습니다. 부처님의 가피나 혹은 자기 수행력으로 그랬던 것입니다. 그런데 중국 군인들은 그에 대해 "사람들의 보시를 하도 많이 받아 피부가 두꺼워져서 그러니 그런 사람들은 내버려둬라." 고 하였습니다. (웃음)

이렇게 한 면에서만 생각하지 말고, 여러 면에서 생각해 본다면 편안해질 수 있습니다. 의심이 필요하고 그 의심이 사라져야 합니다. 우리가 옷을 빨 때 때가 일어나야 없어질 수 있듯이 우리 안에서도 공부할 때 의심이 일어나야 그 다음에 없어지고 깨달을 수 있습니다. 감사합니다.

오늘 이 자리는 어제처럼 불교에 대한 서로의 의견을 주고받는 편안한 자리입니다. 복잡한 질문을 너무 많이 하면 듣는 사람, 답하는 사람 다 힘들어지니까, 복잡한 질문 말고 직접적으로 궁금한 점을 말씀하시면 좋을 것 같습니다.

우리 티벳 사원에서 스님들이 경전 공부를 할 때 쓰는 특별한 방법 중 하나가 많은 대중스님들이 앉아 계시고 앞에 앉은 한 분에게 누군가 질문을 던지고 대중들이 듣는 것입니다. 많은 사람들이 듣기 때문에 무척 신경 써서 답변해야 하는데, 이런 식으로 오랫동안 공부하면서 '게시(삼장법사)' 를 받습니다.

티벳 큰 절에서 공부할 때는 큰스님들이 여러 대중 앞에서 법문하는 경우도 있지만, 작은 그룹이나 또는 개인을 대상으로 스승이 가르칠 때는 논쟁을 바탕으로 공부합니다. 스승께서 질문하시고 제대로 알고 있는지를 확인하는 이런 과정을 통해서 제자가 잘 배운 것으로 확인되면 스승께서 좋아하십니다. 이런 공부를 바탕으로 게시 시험을 볼 때도 많은 대중 앞에서 질문에 답을 해야 합니다. 대중 앞에서 제대로 답변을 못하면 통과가 안 됩니다. 이러하듯 게시 과정은 일반 시험과 달리 어렵습니다. 일반 시험은 모르면 놔두면 되지만, 경전 공부 시험은 그렇지 않습니다. 이 과정에서 답하는 것에 대해 점수를 주는 스님이 다섯 분이고 각각 20점씩 주어 합하면 100점이 됩니다. 이 분들도 대중 앞에서 점수를 주기 때문에 자기 마음대로 줄 수가 없습니다. 이런 식으로 어려운 공부 과정을 거쳐서 게시 학위를 받습니다.

옛날 티벳 본토에서는 쓰기 시험이 없었는데, 인도로 망명 온 후에는 쓰기 시험도 보아야 합니다. 쓰기 시험은 일반 학교의 시험과 비슷하니다. 저는 앞으로 여기를 떠날 사람이니, 이제부터는 소남 스님과 묻고 대답하는 식의 이런 시간을 자주 가지면 좋겠습니다. 이런 식으로 문답을 자주 하면 큰 도움이 될 것입니다.

오늘도 대답을 간단히 하겠습니다. 제 대답 가운데 부처님 경전이나 스승님의 논서와 맞지 않는 점이 있다면 바로 지적해주시면 더 좋겠습니다.

문) 정법과 정법이 아닌 것의 기준은 어떤 것인지요?

답) 〈대보리도차제〉에 보면 하사도, 중사도, 상사도로 나눈 가운데 하사도는 특별한 하사도의 수행자와 평범한(일반적) 하사도 수행자로 나눕니다. 진정한 하사도 수행자라면 이번 생에 바라는 마음이 없고 오직 다음 생에 악도에 떨어지지 않도록 바라는 마음으로 수행하는 이입니다. 조금 더 쉽게 말씀드리면 부처님의 가르침을 믿고 다음 생까지는 못하더라도 현생의 자기가 원하는 것들을 부처님의 가르침을 바탕으로 이루고자 하는 것을 하사도 수행에서 정법이라 할 수 있을 것입니다. 이런 정도라면 정법이라는 이름을 붙일 수 있는 정도일 것입니다. 정확하게 따지면 현생을 위한 것은 바른 법이 될 수 없지만, 그나마 이름 정도는 붙일 수 있을 것입니다. 현생에 집착하는 마음을 완전히 끊고, 해탈을 위해 일체중생을 돕기 위해 오직 다음 생을 위해 행하는 것을 정법이라 부를 수 있습니다. 구체적으로 말하면 현생의 집착을 끊고, 오직 다음 생부터 구제하고 이익되게 하는 것이 기준입니다.

정법에서 법은 티벳말로 '최'이고, 산스크리트어로 '다르마'인데, '아래로 떨어지지 않게 지니다'는 뜻을 갖고 있습니다. 아래라 하면 삼악도이니 삼악도로 떨어지지 않게 지니는 것을 말합니다. 또한 티벳말로 '최'라 할 때는 '고치다, 변화시키다'라는 뜻도 있습니다. 지금 이 순간의 악하고 나쁜 마음을 고쳐 선한 마음으로조 변화시킨다는 의미입니다. 쫑카빠 스승님께서 부처님의 모든 가르침을 한 사람이 단계적으로 실천할 수 있도록 만든 내용이 <람림>입니다. 우리가 초등학교부터 대학교까지의 과정을 거치며 공부할 때, 개인차가 조금 있지만 보편적인 체계 속에서 공부하듯 수행도 <람림>의 차제를 바탕으로 공부합니다.

우리가 법이라 말할 때 불자와 비불자를 나누는 것은 외적인 행이 아니라 마음속에서 불·법·승 삼보에 귀의하고 있는지 아닌지를 기준으로 합니다. 좀 더 쉽게 말하면 불·법·승 삼보에 의지해 자신의 궁극적인 뜻을 이루고자 하는 것이 법이고, 그것이 아니라면 법에 들어가지 않습니다.

문) 달라이 라마 존자님께서는 마음의 본성이 빛과 앎이라고 말씀하셨습니다. 거기에 대해서 구체적으로 말씀해주십시오

답) 마음의 본성은 빛과 앎이라고 할 때 비유하자면 '빛'은 청정한 유리에, '앎'은 청정한 유리에 아주 작은 먼지라도 다 비치는 것을 아는 것을 말합니다. 번뇌에 오염되어 있어도 마음의 본성은 매우 청정합니다. 이렇게 아주 맑고 청정한 본성을 빛이라고 합니다. 청정한 유리와 같은 빛은 아무리 작은 티끌이라도 알아차릴 수 있습니다. 이렇게 마음이 어떤 대상이라도 알아차리는 것을 앎이라고 합니다.

우리가 부처 이룰 수 있다 했을 때 근본 원인이 되고, 씨앗이 되는 것이 바로 이러한 마음의 본성입니다. 아주 청정해서 어떤 대상이라도 알 수 있는 그런 마음의 성품입니다. 어렸을 때 아이들을 보면 어른과 달리 마음이 솔직하고 깨끗합니다. 이렇게 마음이 빛처럼 맑고 고요해 걸림이 없으면 이것을 통해 알지 못하는 것이 없어집니다. 지금 우리도 수행을 통해 마음의 더러움을 없애 청정한 마음이 된다면 알지 못하는 어두움이 없어지고 지혜가 늘어날 것입니다. 그렇기 때문에 지혜와 방편처럼 빛과 앎이 부처를 이루는 원인이라고 합니다.

육도윤회를 하는 여섯 종류의 중생 가운데 인간이 무엇보다 소중하다고 하는 이유는 밝은 빛과 모든 존재를 대상으로 받아들일 수 있는 앎을

인간의 몸과 의식을 받았을 때 가장 크게 발전시킬 수 있기 때문입니다. 축생이나 다른 존재도 빛과 앎이 있지만, 인간처럼 크게 발전시킬 수는 없다고 합니다. 모든 중생들이 부처가 될 수 있다고 말하는 이유는 바로 모든 중생의 마음의 본성이 빛과 앎이기 때문입니다. 그중에서도 인간이 가장 좋은 조건입니다.

우리 마음을 잘 살펴보면 크게 자비롭지 못하더라도 사람은 물론 벌레와 같은 축생에게도 남을 위해주는 자비로운 마음이 있습니다. 또한 알아차리는 성품도 지니고 있습니다. 이렇게 중생들이 갖고 있는 두 가지 특성 가운데 앎은 사유 분석을 통해 지혜를 발전시키는 쪽으로 가야 합니다. 작은 앎에 의지해서 큰 앎인 지혜로 변화시켜야 합니다. 또한 호랑이 같은 무서운 짐승도 자식에 대한 사랑(자심)이 있습니다. 그러나 호랑이는 몸이 축생이기 때문에 자기 마음을 발전시키는 데 어려움이 있습니다. 이에 비해 사람은 작은 자비심의 씨앗만 있어도 수행을 통해 대자비로 변화시킬 수 있습니다.

빛과 앎은 부처님 법이나 전생, 다음 생을 떠나서도 중요합니다. 현대적 방식으로 학생들을 교육시킬 때도 우리는 어렸을 때부터 선하게 살라, 남을 해치지 말라고 가르칩니다. 또한 교육을 통해서 학생 개개인의 앎을 단련시킵니다. 이런 앎과 행(방편)의 능력들이 늘어나야 나중에 공부든지 일이든지 뭐든 잘 할 수 있게 됩니다.

좋은 대통령이 되려고 해도 이런 능력이 있어야 합니다. 법을 떠나서 앎과 빛은 지혜와 자비의 바탕이 되므로 매우 중요합니다. 지식이 풍부해 나라의 대통령까지 되더라도 종교나 다른 이유로 차별하고 평등하게 대하지 못하는 행동을 한다면, 이는 모두 자비 쪽으로 문제가 있기 때문입니다. 지식 쪽으로 부족하지 않아도 자비 쪽으로 부족하면 문제가 생깁니다. 여러분도 자식들 교육시킬 때 지식도 중요하지만 남을 해치지 않고 자비롭게 대하라고 가르치는 것이 매우 중요합니다. 그렇게 해야 세상이 살기 좋아집니다. 부처를 이룰 때도 빛과 앎, 자비와 지혜를 같이 발전시켜야 가능합니다.

문) 빛을 물리적인 빛으로 생각해도 되나요?

답) 다른 대상을 밝히는 빛 말고, 청정한 유리처럼 걸림 없이 비추고 드러내는 자기 자성의 의미에서 말하는 빛입니다.

문) 반야심경의 '조견(밝게 비춘다)'의 의미와도 같은 것인가요?

답) 마음의 본성에 대한 것은 너무 중요한 내용입니다. 제가 델리의 티벳 도서관에 있을 때 어떤 서양 여성이 저에게 "마음의 본성이 맑고 깨끗하다고 할 때 이렇게 맑고 깨끗한 마음의 본성이 바로 부처입니까?" 라는 질문을 했습니다. 그때 "지금 제가 대답할 수 있는 것이 아니므로, 나중에 다른 곳에 여쭈어보고 말씀드리겠다." 고 했더니, 그 여성이 "누구에게 물어볼 것이냐?" 고 하더군요. 그래서 "달라이 라마 존자님께 여쭈어보겠다." 고 했더니 그 여성도 좋다고 했던 기억이 납니다. 나중에 인도 남부에서 법칭보살의 〈인명학〉에 대해서 의논하는 자리에 달라이 라마 존자님께서도 참여하셨는데, 거기서도 이 질문이 나왔습니다.

마음의 본성이 맑고 깨끗하다는 의미는 번뇌나 이런 것들이 마음의 자성으로 있는 것이 아니어서 마음과 따로 분리시킬 수 있다는 뜻입니다. 옷에 때가 끼었을 때 빨래하여 따로 떼어낼 수 있듯이 번뇌장이나 소지장도 수행을 통해 마음과 따로 분리시킬 수 있습니다. 그렇기 때문에 마음의 본성이 청정하다고 합니다. 번뇌의 힘이 세고 지금 마음과 함께 있지만, 마음의 본질에 들어가지는 않습니다. 만약 번뇌가 마음의 본질에 포함되어 있다면, 어떤 노력을 해도 마음과 번뇌를 분리시킬 수 없을 것입니다. 따로따로 떼어낼 수 있다는 의미에서 오염된 지금의 마음은 마음의 본 모습이 아니라는 그런 뜻입니다.

외도 가운데 '쬐바빠' 라는 외도들은 탐·진·치는 마음의 본성이자 자성이기 때문에 조금씩 줄이고 약하게 할 수는 있지만, 근본적으로 분리할 수 없다는 입장입니다. 그래서 아라한이 될 수는 없다고 합니다. 마음이 있으면 반드시 탐·진·치가 함께 있고, 이것과 분리된 마음이 따로 없기에 번뇌를 근원적으로 제거할 수 없으며, 탐·진·치를 제거하면 마음도 함께 제거된다고 합니다. 그래서 이 외도들은 아라한도 부처님도 인정하지 않습니다.

이렇게 마음의 더러운 본성(번뇌)이 본래적으로 그렇다면 문제가 조금 복잡해집니다. 제가 여러분에게 묻고 싶습니다. 어떻게 생각하십니까? 번뇌는 여러분 마음에서 갑작스럽게 일어난 일시적인 것입니까? 아니면 본래적인 마음의 자성입니까? 처음부터 같이 있는 것 아닙니까?

(대중) 아닙니다.

(스님) 그러면 처음에는 같이 없다가 어느 순간 생긴 것입니까? 그렇다면 여러분도 처음에는 부처이다가 무언가 잘못되어 어느 순간 번뇌가 생겨 중생이 된 것입니까?

(대중) 그렇습니다.(함께 웃음)

(스님) 깨끗한 물이지만 나중에 더러운 것이 들어가면 오염됩니다. 그런데 우유는 처음부터 섞인 것입니까? 아니면 처음에는 물이다가 나중에 탁한 것이 섞인 것입니까? 이것을 잘 생각하면 답이 나올 것입니다.

석유를 예로 들어보겠습니다. 비행기의 연료로 가장 깨끗한 기름을 사용하지만, 석유도 처음에는 진흙처럼 끈적거립니다. 이것을 여러 과정을 통해서 정화를 하는데 제일 나쁜 기름(도로 만들 때 쓰는 아스팔트)부터, 등유, 경유, 나중에 비행기 기름(항공유) 이런 순으로 정화됩니다. 마음에 대해 생각할 때 이것을 생각하면서 저도 많은 도움을 얻었습니다.

이와 마찬가지로 우리 마음도 여러 수행과정을 거쳐 더러운 것들을 차차 걸러내면서 정화해야 합니다. 이 비유를 생각하면 '번뇌는 일시적입니다.' 라는 것을 제대로 이해할 수 있습니다. 번뇌가 일시적이라 할 때 처음에는 번뇌가 없다가 나중에 갑자기 생긴 것이라는 착각을 하기 때문에 여러 문제들이 생깁니다. 그렇기 때문에 우리가 공을 이런 식으로 닦아야 합니다. 석유도 가장 깨끗한 것을 포함하고 있듯이 마음의 본질에도 가장 청정한 것이 있습니다. 지금 이 순간 여러분들 마음은 어느 쪽입니까?

(대중) 아스팔트요.

(스님) 하하… 지금 우리의 마음 상태는 도로 만드는 것이라 하기에도 어렵습니다. (웃음) 저도 어렵습니다. 논쟁 중에 처음에는 부처이다가 나중에 중생으로 변했다고까지 주장하는 경우가 있는데, 그렇다면 부처님도 잘못되어 지옥에 떨어지게 됨을 인정해야 한다는 것이 됩니다. 이런 식으로 깊이 생각해봐야 합니다. 제가 말했다고 맞다 생각하실 것이 아니라 자기가 생각해봐야 합니다. 경전에서 마음의 본질은 깨끗하고 더러움은 일시적이라 할 때, 여러 사람이 '처음에는 깨끗하다가 나중에 오염되었다.'고 생각하는데, 그렇게 생각하면 여러 가지 어려움이 생깁니다.

나무를 태운 숯은 아무리 닦아도 하얗게 바꿀 수 없습니다. 까만 것은 숯의 자성입니다. 그러나 마음의 본성은 숯처럼 자성으로 더러운 것이 아니라 분리시킬 수 있기 때문에 번뇌가 일시적이라고 이야기하는 것입니다. 경전 안에도 이와 관련된 여러 말씀이 있습니다.

석유와 관련된 이야기가 하나 더 있습니다. 몇 년 전 한 미국 여성이 다람살라에 와서 존자님을 뵈었는데, 듣기로는 미국에 있는 자신의 땅에서 석유가 나오게 되어 여러 가지 일을 할 수 있을 것 같아 매우 기쁘다고 존자님께 말씀드렸다고 합니다. 이와 마찬가지로 석유가 나올 수 있는 소중한 땅이 있는 것처럼, 우리 각자에게도 석유가 나올 땅이 있습니다. 그 여성은 정부 지원으로 몇 번 석유를 뽑아내다가 얼마 안가 고갈됐다고 합니다. 마찬가지로 우리도 마음을 잘못 쓰면 석유처럼 사라질 수 있습니다. 이라크처럼 석유가 많이 나오는 나라들이 여러 가지 일을 할 수 있듯이, 우리 마음에도 소중한 것이 있습니다. 이것을 인식해서 낭비하지 않고 이런 좋은 기회를 다시 만나기 어려우므로 잘 쓰기 위해 무언가 해야 합니다. 그렇지 않으면 좋은 기회는 사라집니다. 소남 스님과 있을 때도 이런 이야기를 할 기회가 없었는데 여기에 대해 잘 생각해야 합니다.

(스님) 우유도 기름처럼 물과 무언가로 따로 분리할 수 있습니까?

(대중) 예, 탈지분유 같은 것이 그렇습니다.

(스님) 피도 마찬가지입니까?

(대중) 예, 다 가능합니다.

(스님) 과학과 불교가 잘 들어맞는다는 의미가 이런 점에서 연결되는 것 같습니다.

(사회) 제가 도움을 위해서 잠깐 정리를 드리면, 첫째 우리 마음에서 부정적인 번뇌와 청정한 마음을 분리할 수 있느냐 없느냐 인데요. 만약 분리할 수 없다면 탐·진·치 삼독과 같은 번뇌를 조금씩 줄일 수는 있겠지만 근본적으로 끊을 수 없다는 것이 되고요. 이런 식으로 주장하는 외도들이 있다는 말씀을 해주셨고요. 다른 하나는 우리가 흔히 생각할 때 원래 깨끗한 마음에 나중에 번뇌가 붙은 것이라고 생각하기 쉬운데, 이 논리대로라면 부처님도 다시 번뇌가 생겨 중생이 되고 윤회한다는 말이 되므로 틀리다는 말씀이셨습니다. 그러면서 원유, 우유, 피 이런 것들을 비유하면서 마음의 본성을 말씀해주셨는데 정확히는 모르겠지만, 청정한 마음과 번뇌 이런 것들이 섞여있지만 분리될 수 있는 것이라는 말씀인 것 같습니다.

(대중) 마음의 본성이 무자성(無自性)이기 때문에 그렇다는 것으로 이해해도 됩니까?

(스님) 마음의 본성을 무자성이라고 하는 것은 불교학파 가운데 중관학파부터 인정하는 것입니다. 그러나 중관학파뿐만 아니라 나머지 유부, 경부,

유식학파까지 모든 학파가 마음의 본질은 청정하고 번뇌는 일시적이라고 인정합니다. 밑의 학파들까지 다 인정하는 것이기에 마음이 무자성이기 때문에 그렇다고 해서는 안 됩니다.

일반적으로 우리가 어떤 사람에 대해 "원래 그 사람은 솔직하고 좋은 사람인데, 나쁜 친구를 만나 변했다." 고 이야기하는 경우가 있는데 이와 비슷하게 생각할 수 있습니다. 청정한 마음과 번뇌는 처음부터 무시이래로 같이 있지만 따로 분리할 수 있는 것입니다. 그렇기 때문에 번뇌가 마음의 본질이 아니라고 말합니다.

(대중) 최초의 부처님은 어떻게 생기셨나요?

(스님) 첫 부처님과 마지막 부처님은 인정하지 않습니다. 시작과 끝이 없기 때문에 이 분이 처음 부처님, 저 분이 마지막 부처님 이렇게 말하지 않습니다. 우리는 모두 부처가 될 수 있다고 말합니다. 부처가 되기 위해 갖추어야 할 근본적인 원인은 무엇인지 정말 깊이 살펴보아야 합니다.

문) 스승이 굉장히 중요한데, 사소한 일이지만 가치관이 다르다고 느낄 때, 부정적인 문제가 있을 때, 이런 것들을 어떻게 다스려 스승을 모시고 수행 정진할 수 있을까요?

답) 스승에 대해 따로 배울 수 있는 과목이 있습니다. 스승에 의지하는 방법에 대해서 〈람림〉에 보면 구체적으로 나와 있습니다. 스승의 허물이 보일 때 바르게 의지하는 방법은 나에게 스승이 얼마나 큰 은혜를 베풀었는지 그 은혜를 생각하면 허물 보는 마음이 줄어들고 없어지게 됩니다. 예를 들어 우리가 어떤 사람에게 탐착을 내면 그 사람의 모든 행이 좋고 아름답게만 보이듯이 은혜를 많이 보면 허물 보는 마음이 줄어들게 됩니다.

부처님 당시에도 12년 동안이나 부처님과 함께 있었던 렉뻬 까르마라는 비구는 부처님께서 어떤 행을 하시더라도 속이는 것이라고 보았습니다. 자기 허물 때문에 그렇게 보았습니다. 언젠가 비구 렉뻬 까르마는 부처님께서 공양에 초대되어 시주의 공덕을 찬양하는 기원을 하자 그에 대해서조차 "먹는 것 하나로 저렇게까지 한다." 며 오히려 부처님을 비난했다고 합니다.

달라이 라마 존자님께서 대자비로 세계인들을 위해 여러 행을 하시지만 비난받기도 합니다. 만약 존자님이 계시지 않았다면 우리 티벳인들은 인도로 망명해 살 수도 없었을 것입니다. 존자님께서 인도로 망명하기 전에 인도 정부는 중국을 피해 넘어왔던 티벳인들을 모두 쫓아냈지만, 존자님이 오시고 나자 이전에 쫓아냈던 사람들까지도 다 받아들였습니다. 이런데도 자기 문제 때문에 존자님을 비난하는 사람도 있습니다.

결론적으로 허물이 있어서 보이는 것도 있지만, 자기 허물 때문에 스승을 나쁘게 볼 수도 있습니다. 허물보다는 자기에게 법을 베풀어주신 은혜를 고맙게 생각한다면 조금 다르게 볼 수 있을 것입니다. 한 나라의 정부에서 교육을 엄청나게 중요하게 생각하기 때문에 교수들을 매우 중요하게 여깁니다. 그와 마찬가지로 스승은 매우 중요합니다. 잘 배우지 못하면 내 손해이기 때문에 스승께서 가르침으로 은혜를 베풀어 주시기 때문에 은혜로운 면으로 봐야 합니다. 허물을 보면 자기 쪽으로 이익이 없고, 은혜를 자꾸 생각하면 자기에게 이익이 됩니다. 이 점이 매우 중요합니다.

직장 다닐 때 여기서 해고되면 가족의 생계 등 자기에게 큰 손해 있다고 생각하면 상사가 아무리 해를 끼치고 함부로 해도 참고 다 하듯이 스승으로부터 배우는 것을 정말 중요하게 생각한다면 스승의 어떤 행이라도 참고 좋은 쪽으로 받아들일 수 있습니다. 그렇게 중요하게 여기지 못하고 직장에서 조금만 문제 생겨도 그만두겠다고 하듯이 하면 안 되고, 배움에 대해 베풀어 주시는 스승의 은혜를 잘 기억해야 합니다. 내 허물 때문에 그렇게 보일 수도 있다고 생각해야 합니다.

빨덴 닥빠 스님

소 키우는 사람은 우유를 매우 소중하게 생각하기 때문에 더럽고 힘든 일도 다 참고 합니다. 정부에서는 교수들의 역할이 중요하기에 좋은 교수들이 다른 나라로 가지 않도록 돈을 많이 주고 소중히 대접합니다. 인도에서도 선생님들이 월급 받고 교육시키지만, 스승에 대해 공경하는 마음이 없으면 교육도 잘 받을 수 없고 바르게 배우는 데 많은 장애가 생긴다고 믿기 때문에 부모님들이 아이들에게 공부하는 마음 자세에 대해 많이 가르칩니다.

문) 남성과 여성 사이에 수행이나 열반을 성취하는데 있어 차이가 있다고 생각하시는지요?

답) 옛날에 부처님 당시에는 나라의 국법이나 여러 상황 때문에 비구, 비구니가 약간의 차이 있었지만, 요즘은 남녀가 평등하고 수행도 마찬가지입니다. 그 정도이지 부처님 법의 입장에서 남성과 여성을 분별해서 차별하는 것은 없습니다.

문) 우리가 예불 모실 때 공양물을 올리고 석가모니 부처님께서 지금 이 자리에 오시기를 청하는데, 정말로 오시는지요? 또한 거기에 어떤 의미가 있는지요?

답) 자기 신심에 달려 있습니다. 경전에서 자기 신심이 부족하지 않고 신심 잘 갖추면 부처님은 항상 앞에 계시다고 말합니다. 해가 떠있어도 구름이 가리면 보이지 않듯이 우리 업장 때문에 보지 못하고 있지만, 우리 스스로 믿는 마음만 있으면 부처님은 항상 계십니다. 오도(五道) 가운데 자량도(資糧道)가 있고, 이 자량도도 대·중·소 3단계로 나누는데, 대자량도의 경지에 들면 우리가 이렇게 사람 만나고 보듯이 부처님을 뵐 수 있다고 합니다.

문) 학교에서 학생들을 지도할 때 어떤 것에 중점을 둬야 하는지요? 잘못을 반복하는 학생을 어떻게 가르쳐야 하는지 궁금합니다.

빨덴 닥빠 스님

답) 인도에서는 선생님들을 따로 교육시킵니다. 학생들이 잘못을 반복할 때 어떻게 가르쳐야 하는지, 스승으로서 해야 할 역할에 대해 선생님 되기 전에 교육시킵니다. 한국에서도 이런 교육이 있습니까? 이런 교육 통해서 어느 정도 해결 할 수 있을 것 같습니다. 부처님 법 쪽으로 이야기 한다면, 우리가 학생들에게 가르칠 때 정치적인 목적이 아니라, 매우 이타적인 마음으로 가르친다면 큰 이익이 있고, 큰 복을 지을 수 있습니다. 왜냐하면 한 학생을 바르게 교육함으로써 가깝게는 그 학생들의 친구들이나 주변부터 나라 전체를 보아도 여러 모로 좋은 영향을 끼치게 되고, 이익이 되므로 큰 복을 짓는 수행이 될 수 있습니다.

문) 행보리심이 보리심인가요? 보리심을 닦기 위해 어떤 것을 해야 할까요?
답) 일체중생 돕기 위한 마음만으로는 보리심이 아니고, 일체중생 돕기 위해 부처의 경지를 이루겠다는 마음이 있어야 보리심입니다. 또한 이런 마음이 생각해서 일어나는 정도가 아니고, 탐심·진심이 저절로 일어나듯이 저절로 일어날 때 이때의 마음이 원보리심(願菩提心)입니다. 또 비유하자면 학교에 가겠다는 마음만 먹었다고 해서 되는 것이 아니고, 학교에 실제로 가야 하듯이 원보리심만으로는 안되고 실제 보리심을 행해야 합니다. 이것이 행보리심(行菩提心)입니다. 행보리심을 닦기 위해 육바라밀이나 사섭법을 행해야 합니다. 이런 면에서 원보리심과 행보리심을 말하는 것입니다.

문) 생활 속에서 공성을 닦는 방법과 공성을 사유하는 구체적인 방법은 무엇입니까?
답) 우리가 일상생활에서 먹고 살기 위해서만 일하고 산다면 인간으로 태어났지만 축생과 다를 바가 없습니다. 축생들도 먹고 살기 위해 행하기 때문입니다. 우리가 사는 것을 좀 더 의미 있고 이익 되게 보내려면 일체중생을 돕기 위한 마음을 내야 합니다. 일을 할 때 너무 기쁘거나 슬퍼하기도 하는데, 기쁠 때도 슬플 때도 연기적으로 생각해서 마음이 한 쪽으로 너무 치우치지 않아야 합니다. 상호의존과 연기에 대해 깊이 생각함으로써 감정을 조절하며 수행 쪽으로 깊이 생각해야 합니다. 일하고 먹고 자는 우리가 하는 모든 행들이 일체중생을 위한 것이라는 그 마음으로 살아야 합니다. 또한 우리가 하는 모든 행들이 직·간접적으로 중생에게 회향되도록 기도하는 식으로 생활해야 합니다.

문) 다라니나 진언을 할 때 뜻을 알면서 하는 것과 모르는 것의 차이는? 진언을 할 때 어떤 스님들은 마음을 붙이지 말고 무심하게 하라고도 하는데, 진언을 할 때 무념무심하게 하는 것과 뜻을 잘 새기면서 하는 것 둘의 차이는 어떠하며 어떻게 하는 것이 좋은지요?

답) 한국 스님들이 그렇게 말씀하셨다면 우리가 진언이나 기도할 때 작은 이익을 바라는 마음으로 해서는 안 되고 또 크고 작은 의심으로 하지 말라는 의미로 한 것인지는 제가 잘 모르겠습니다. 그러나 자신의 작은 소원을 바라는 마음이나 의심으로 진언 같은 것을 하면 안 됩니다. 마음을 크게 내서 해야 합니다. 마음 동기를 바르게 하고서 해야 합니다. 뜻을 모르고 하는 것보다는 뜻을 조금이라도 알고 기도나 진언을 외우는 것은 공덕에 있어서 엄청난 차이가 있습니다.

조금 전 저녁 먹을 때 잠깐 나온 이야기였는데, 우리가 음식 맛을 모르고 먹으면 배부른 정도밖에 모릅니다. 알고 음식을 먹어야 제대로 맛을 느낄 수 있습니다. 이와 마찬가지로 진언을 할 때 모르고 그냥 해도 이익은 있지만, 알고 하는 것과는 공덕이나 이익에 있어서 차이가 많이 납니다.

문) 진언이나 다라니를 할 때 그 자체가 한국말이 아니기 때문에 해석된 책이 있더라도 보지 말고 해야 한다는 말도 있습니다.

답) 그 말이 맞습니다. 진언을 외우면 업장이 줄고 소멸됩니다. 예전에 그 내용에 대해 소승과 대승 사이에 논쟁이 있었습니다. 대승 쪽에서 진언을 외우면 업장이 가벼워지고 소멸된다고 하자, 소승에서는 그것은 외도들의 가르침이라고 하면서 그런 이유로 대승은 부처님 말씀이 아니라고 말합니다.

그러나 부처님과 보살, 수행의 높은 경지에 있는 분들이 중생의 이익을 위해 큰 원을 세우고 위신력으로 다라니나 진언을 만드셨기에 그것을 외우면 매우 힘 있고, 가피를 받을 수 있습니다. 말로 표현할 수 없는 이익이 있습니다. 외도의 경전 안에 진언에 대한 내용들이 많습니다. 그 가운데는 일시적인 이익을 받기 위한 것과 심지어는 남을 해치는 진언이나 다라니도 있습니다. 외도에서는 진언을 외우기 전에 창조주와 같은 것에 귀의하고 나서 합니다. 불도들은 여기에서 좋은 점만을 받아들여 삼보에 귀의하고 나서 나와 남에게 이익을 주는 쪽으로 진언이나 다라니를 하면 됩니다.

예를 들면 문수보살 진언 '옴 아라빠짜나 디' 이것의 글자 하나하나는 공성을 표현하고 있습니다. 우리가 이 글자 하나하나의 뜻을 알지 못하지만 매우 신비로운 힘이 있습니다. 그래서 대승 쪽에서는 소승 쪽의 비판에 대답할 때 진언이나 다라니를 외울 때 입으로만 할 것이 아니라 선정과 지혜를 키우는 방향으로 마음으로도 함께 하면 깊은 수행이 될 수 있다고 답합니다. 뜻을 모르고 하는 것보다 뜻을 이해하고 알고 하는 편이 공덕과 이익이 훨씬 큽니다. 관세음보살 진언인 '옴 마니 뻬메 훔'에는 공성과 일체중생 위한 보리심 이 두 가지의 의미가 담겨 있습니다.

문) 존재가 의식인가요? 어제 말씀하신 나, 나의 것과 의식은 어떤 관계가 있는지 말씀해주십시오. 또 마음을 비우고 나면 무엇이 있습니까?
답) 깊이 생각해야 할 매우 어려운 질문입니다. 우리가 존재한다 아니다, 있다 없다를 한자로 유무라 했을 때, 그 기준은 의식을 떠나서는 말할 수 없습니다. 의식을 기준으로 존재가 있다 없다고 말합니다. 그런데 유식학파는 마음 이외 아무것도 없다고 말합니다. 그러나 유식학파의 이 견해를 중관학파에서는 인정하지 않습니다. 마음 외의 존재도 인정합니다.

그 다음에 나와 '나의' 할 때 나와 나의 오온이 차이가 있는 것처럼 우리의 생각과 실제의 존재 방식에는 큰 차이가 있습니다. 우리가 바르게 생각하지 못하게 하는 여러 문제들이 있습니다. 여기에 대해 한국에서 화두 잡듯이 깊이 분석하여 살펴야 합니다.

어린이가 TV 화면의 사람을 보며 진짜 사람이 있다고 인식하지만, 우리 같은 어른은 진짜인지 아닌지 구분할 수 있습니다. 어린이가 진짜와 TV 화면을 구분하지 못하듯이 우리도 공성과 존재의 본성에 대해 깨닫지 못합니다. 공성에 대해서 어느 정도 이해해야 우리의 이해와 실제에 대해 구분할 수 있습니다.

어제 기차 타고 부산에서 올라올 때 1시쯤 도착했는데 보통 때보다 2시간 늦게 점심을 먹으니 배고팠습니다. 배고파서 음식을 더 맛있게 먹었습니다. 음식이 맛있다는 것은 100% 음식 자체의 맛으로만 맛있는 이유가 되지 않습니다. 음식 자체가 원인의 전부라면 배부를 때 먹어도 그 음식이 맛있어야 합니다. 배고프니까 맛있었던 것입니다. 생활 속의 소소한 일도 여러 가지로 의지하기 때문에 연기적으로 있습니다. 이렇게 공이나 연기 쪽으로 우리 생활 속에서 일어나는 모든 것들을 닦을 수 있습니다. 연기적으로 많이 생각해야 공을 바르게 받아들이고 이해할 수 있습니다.

이번에 달라이 라마 존자님께서 법문하실 때 연기에 대해 많이 생각해야 한다고 말씀하신 것도 그런 이유 때문입니다. 일상생활 속에서 연기에 대해 많이 생각할 때 공에 대해서도 바르게 깨달을 수 있습니다. 달라이 라마 존자님께서 부처님 가르침의 핵심은 견해의 측면에서 연기에 대한 견해, 행의 측면에서 남을 해치지 않는 행위 이 두 가지라고 말씀하셨습니다. 해치지 않는 행위는 보리심과 방편의 가르침이고, 연기는 공에 대한 지혜입니다. 연기적이고 독립적이지 않기 때문에 고통과 행복도 다 원인과 조건에 의지합니다. 행복해지고 싶다면 행복의 원인을 만들어야 하고, 고통을 원하지 않는다면 고통의 원인을 줄여야 합니다. 여러 가지를 말씀드렸는데 그 가운데 이익 되고 도움 되는 부분만 자꾸자꾸 생각하시길 바랍니다.

대단히 좋은 질문들 감사합니다. 이렇게 정치가 아닌 법에 대해 이야기한 것은 우리가 전생의 인연이 있기 때문입니다. 이 인연 공덕으로 다음 생에서도 법의 친구로 만나기를 기원 드리겠습니다. 감사합니다.

(사홍서원을 할 것이라는 설명을 들으시고 추가로 말씀해주심)

사홍서원 가운데 '일체중생 건지오리다.'는 마음이 보리심입니다. 일체중생 돕기 위해 '번뇌를 다 제거해야 합니다.', 다양한 중생을 돕기 위해 근기에 맞게 다 알아야 하므로 '법을 배워야 합니다.', 마지막 부처의 경지까지 이루게 '모든 도를 실천하게 하소서.' 이런 뜻입니다. 부처님의 가르침을 요약하면 사홍서원 안에 다 들어가 있습니다. 보리심을 발하고, 번뇌 제거를 위해 법을 배우고, 배움으로만 안 되기에 실천해야 한다는 것까지 모두 다 담고 있습니다. 결론적으로 원보리심과 행보리심입니다. 간절한 마음으로 사홍서원을 함께 하면 좋겠습니다.

사홍서원을 끝으로 법회를 마치다 —

/통역: 지덕스님
/사회 및 녹취: 정웅기

불법에 들어가는 최상의 문, 귀의

/ 한국티벳불교사원 소남 스님

게시 소남 스님 *(Geshe Sonam Gyaltsen)*

 소남 스님은 1971년 티벳 라사에서 태어나 중학 2년까지 수학하시다가 1986년 티벳에서 인도로 망명하여 인도 남부 드레풍 라뙤사원으로 출가하여 달라이라마 존자님으로부터 사미계를 받으셨다. 그 후 드레풍 사원 스승들에게서 5대경 배우셨고, 1992년 다람살라에서 달라이라마 존자님으로부터 비구계를 받으셨다.

1995년 세라, 드레풍, 간덴사원에서 게시 학위 공부를 시작하여 2000년 5대경 중 인명학에 대한 논문으로 게시 하람빠 학위를 받으셨다.

2001년 규또 사원(밀교대학)에서 밀교 과정을 수학하셨으며, 1993년부터 2003년까지 10년간 라뙤사원에서 인명학, 반야학, 중론 등을 가르치셨다.

2002년 드레풍 라뙤사원에서 호법스님을 역임하셨고, 2004년 밀교시험을 통과하여 낙람빠 학위를 받으셨다.

2004년 8월부터 광성사(한국티벳센터) 초청으로 한국에 오신 후 광성사와 참여불교 재가연대에서 람림, 입보리행론, 티벳어 등을 강의하신다. 또한 현재 광성사 주지스님을 역임하고 계신다.

이 법문은 한국티벳불교사원 주지이신 소남 스님의
〈람림〉 강의 녹취록 중 '귀의(歸依)' 관련 내용만을 모은 것입니다.

소남 스님

대보리도차제론 요약

1. 귀의의 원인

 귀의의 원인에는 여러 가지가 있지만 그 중 두 가지 중요한 원인이 있습니다.

 첫째, 이생에 우리는 오래 머물지 못하고 죽으며, 죽은 뒤에는 반드시 태어나고 이 태어나는 것은 업에 달려 있습니다. 선업의 힘이 적고 악업의 힘이 크면 삼악도로 간다고 생각하여 악취를 두려워하는 마음을 일으켜야 됩니다.

 둘째, 삼악도에서 우리를 구해줄 수 있는 힘은 오직 삼보밖에 없다는 믿음을 가슴 깊이 일으켜야 됩니다.

 이 두 가지 원인을 깊게 생각하지 않고 말로만 한다면 귀의 또한 말 정도로만 됩니다. 만약 이 두 가지 원인이 간절하고 굳건하다면 가슴 깊게 변할 수 있는 귀의가 일어납니다.

2. 귀의의 대상

 1) 귀의의 대상이 삼보임을 알아차리는 것은 불·법·승의 정의를 정확하게 이해하는 것입니다.
 불보는 모든 허물을 제거하여 일체 공덕을 갖춘 분을 이르는 것이고, 법보는 멸성제와 도성제를 말합니다. 멸성제는 허물을 제거하는 부분이고 도성제는 공덕을 이루는 부분입니다. 멸성제와 도성제의 경계는 오도(五道) 중에서도 견도 이상을 말하는 것입니다.

 2) 삼보가 왜 귀의처인가에는 네 가지 이유가 있습니다.
 첫째, 자신이 모든 두려움에서 벗어났고
 둘째, 남을 두려움에서 벗어나게 하는 방편에 뛰어나고
 셋째, 일체 중생에게 멀고 가까움 없이 대자비를 베풀고
 넷째, 이익 되는 것과 이익 되지 않는 것 관계없이 모두의 뜻을 성취하게 하기 때문입니다.

소남 스님

3. 귀의하는 방법

1) 삼보의 공덕을 알고 귀의하려면 먼저 삼보의 공덕에 대해 이해해야 합니다.

① 부처님의 공덕에는 신, 구, 의, 사업의 공덕이 있습니다.
- 부처님 몸의 공덕: 32상 80종호
- 부처님 말씀의 공덕: 부처님 음성 60가지
  예를 들어 동시에 세간의 모든 중생이 각각의 질문을 하더라도 각각의 음성으로 그 질문에 대답하시는 것과 가깝고 먼 것에 관계없이 부처님의 말씀을 똑같이 들을 수 있는 것
- 부처님 마음의 공덕: 지혜와 자비의 공덕
  * 지혜의 공덕: 승의제와 세속제 등 모든 법을 정확히 아는 공덕
  * 자비의 공덕: 대자비로 묶여 있는 부처님께서 번뇌의 악습에 묶여 있는 중생들이 당하고 있는 큰 고통의 아픔을 보시고 거기에서 벗어나게 하겠다는 대자비심을 끊임없이 일으키는 공덕
- 사업(행)의 공덕: 부처님의 신, 구, 의, 사업이 자연스럽게 끝없이 일체중생에게 이익 되게 하는 것

② 법의 공덕에는 멸성제와 도성제의 공덕이 있습니다.

③ 승가의 공덕은 오도 중에서 견도 이상을 얻은 성인들의 공덕을 생각하는 것입니다.

이러한 삼보의 공덕을 거듭 생각하고 마음 깊이 귀의하는 것이 바로 공덕을 알고 귀의하는 것입니다.

2) 삼보의 차이를 알고 귀의하는 것
삼보 각각의 차이를 정확하게 이해하고서 귀의하는 것입니다.
무착보살께서 집학론에서 6가지 차이에 대해 말씀하신 것을 이해해야 합니다.

3) 삼보를 인정하고 귀의하는 것
불보는 구제해주는 법을 보여주시는 분, 법보는 실제로 구제해주는 법, 승보는 구제해주는 도반으로 인식해야 합니다.

예를 들면 환자가 병에서 벗어나고자 할 때 의사와 간호사와 약에 의지해야 하는 것처럼 우리가 사바세계에서 벗어나고자 할 때는 벗어날 수 있는 법을 보여주시는 의사 같은 부처님과 실제의 약에 비유되는 법보와 환자를 간호해주는 간호사 같은 도반인 승보에 의지해야 합니다.

4) 외도와 불도의 귀의처의 차이를 알고 귀의하는 것
외도와 불도의 귀의처의 차이를 이해하고서 오직 삼보만이 우리를 구해줄 수 있음을 알고서 귀의하는 것입니다.

4. 귀의하고 나서 행해야 할 것

1) 행하지 말아야 할 것 3가지
  ① 부처님께 귀의하고서 다른 귀의처를 구하지 않는 것
  ② 법보에 귀의하고서 중생에게 해를 끼치지 않는 것
  ③ 승보에 귀의하고서 나쁜 친구와 어울리지 않는 것

2) 행해야 할 것 6가지
  ① 삼보의 차이와 공덕을 기억하고서 거듭거듭 귀의하는 것
  ② 이익을 생각하고서 밤낮으로 귀의하는 것
  ③ 은혜가 큰 것을 생각하고서 공양 올리는 것
  ④ 남을 귀의하도록 이끄는 것
  ⑤ 어떤 일을 하더라도 삼보에 의지하는 것
  ⑥ 어떤 경우에라도 삼보에게 귀의하는 것을 버리지 않는 것

5. 귀의함으로써 생기는 이익

① 불자가 되는 것
② 모든 계율의 토대가 되는 것
③ 과거에 쌓은 업장을 줄이고 없애는 것
④ 큰 공덕을 쌓는 것
⑤ 삼악도에 떨어지지 않는 것
⑥ 사람과 귀신으로부터 해침을 당하지 않는 것
⑦ 모든 소원들이 이루어지는 것
⑧ 속히 성불할 수 있게 되는 것

1. 귀의의 원인

우리 불자들은 언제나 불·법·승 세 가지 보물에 귀의합니다. 삼귀의는 불교도와 비불교도를 구분할 때 기준이 됩니다. 귀의(歸依)의 뜻을 보면 귀는 되돌아간다는 뜻이고, 의는 의지한다는 뜻입니다. 우리가 시작 없는 전생부터 지금까지 번뇌 때문에 윤회하는데, 거기에서 벗어나 돌아가기 위해 세 가지 존귀한 대상에 의지한다는 뜻입니다.

그런데 우리는 너무도 쉽게 귀의를 말합니다. 불교 의식의 첫머리를 삼귀의로 시작하고 늘 귀의한다고 말은 하지만, 당위적으로만 다룰 뿐 귀의에 대해 깊이 사유하지 않는 경우가 많습니다. 한국에서 나온 대부분의 불교 교리책을 보아도 삼귀의는 짧게 형식적으로만 언급되어 있습니다.

몸으로 예불하고 삼배를 올리며 입으로 염불하는 것은 어렵지 않지만, 마음으로 제대로 귀의하는 것은 무척 어렵습니다. 마음으로 귀의하려면 배우고(聞), 사유하여(思), 닦는(修) 것을 꾸준히 해야 합니다. 몸과 입이 아닌 마음으로 귀의해야 합니다. 마음으로 귀의하려면 내가 왜 귀의하는지에 대해 확고한 신념이 있어야 합니다. 확고한 신념이 생기려면 우리가 귀의해야 할 대상에 대해, 귀의해야 하는 원인에 대해, 어떻게 귀의해야 하는지의 방식에 대해, 귀의하고 나서 어떻게 닦아야 하는지 등에 대해서 구체적으로 알아야 합니다.

티벳불교에서는 삼귀의에 대해 매우 중요하게 가르칩니다. 맨 먼저 귀의의 원인에 대해 사유하여야 합니다. 불교에서의 귀의는 다른 종교에서 말하듯이 무조건 믿어야 한다는 것과 다르며, 귀의해야 하는 원인이 논리적으로 설명됩니다. 원인이 없으면 결과가 없듯이 삼보에 귀의한다는 결과도 귀의해야 할 원인이 없으면 진심으로 귀의할 수 없기 때문입니다. 그렇다면 왜 우리는 삼보에 귀의해야 할까요?

우리가 삼보에 귀의해야 하는 원인은 두 가지입니다.

첫째, 두려워하는 마음입니다. 이생에 우리는 오랫동안 머물지 못하고 금방 죽으며, 죽은 뒤에는 반드시 태어나고 이 태어나는 것 또한 업에 달려있습니다. 만약 선업의 힘이 약하고 악업의 힘이 세면 반드시 삼악도로 갑니다. 이와 같이 생각하면 삼악도에 떨어지는 것을 두려워하는 마음이 일어납니다. 삼악도에 떨어지는 것을 두려워하는 마음은 다음 생이 있다는 것에 대해 생각할 수 있어야 일어납니다. 내가 죽어서 당장 지옥에 태어나면 어떻게 할까? 지금 바로 축생으로 태어나면 어떻게 할까? 이렇게 생각해야 진정으로 두려워하는 마음이 생깁니다. 이것이 하사도 수행자가 귀의하는 원인이 됩니다. 중사도 수행자의 귀의는 삼악도와 삼선도를 포함하여 윤회에 떨어지는 것을 두려워하는 마음에서 비롯됩니다. 마지막으로 상사도의 귀의는 자기 혼자 윤회에 떨어지는 것만이 아니라 일체중생이 윤회에 떨어지는 것을 두려워하는 마음이 귀의의 원인이 됩니다.

윤회에 대해 말씀드리자면, 이번 생의 마지막 마음이 다음 생의 첫 마음으로 연결됩니다. 아이가 태어나자마자 배운 바 없이 엄마의 젖을 빠는 것이나, 쌍둥이들의 개성이 전혀 다른 이유도 이전 생의 습이 다르다는 증거입니다. 전생을 기억하는 아이들도 많습니다. 마음이 눈으로 보이지 않는다고 해서 없다고 할 수 없는 것처럼, 눈으로 보이지 않는다고 해서 전생이 없다고 부인할 수 없습니다. 마음을 바탕으로 과거·현재·미래가 있습니다. 마음을 바탕으로 다음 생이 있고, 마음을 바탕으로 인과에 대해서 잘 알 수 있습니다. 인이 있으면 반드시 과가 있듯이 불선행을 하면은 삼악도에 떨어지고, 선행을 하면 삼선도에 납니다. 이와 같이 윤회에서 비롯되는 고통을 두려워하는 마음이 귀의의 첫 번째 원인이 됩니다.

둘째, 믿는 마음입니다. 믿는 마음 역시 두려워하는 마음과 마찬가지로 차이가 있습니다. 하사도 수행자의 믿는 마음은 삼악도(지옥, 아귀, 축생)에서 구해줄 수 있는 힘은 오직 삼보에 있다는 믿음입니다. 중사도 수행자의 믿는 마음은 윤회에서 구제할 수 있는 힘이 오직 삼보에 있다고 믿는 마음을 가집니다. 마지막으로 나의 일체중생을 모든 고통에서 구제할 수 있는 힘은 오직 삼보에 있다고 믿는 마음이 상사도 수행자의 믿는 마음입니다.

삼보에 귀의하는 원인은 공통적으로 두려움과 신심(믿는 마음)이지만, 이와 같이 수행자의 마음 동기에 따라 귀의하는 원인은 차이가 있습니다. 정리하자면 하사도 수행자는 삼악도에 떨어질 것을 두려워하는 마음이 바탕이므로, 삼보께서 우리를 삼악도에 떨어지지 않게 해줄 수 있다는 믿음에서 귀의합니다. 중사도 수행자는 삼악도와 삼선도는 물론 내가 윤회에서 벗어나지 못하는 것을 두려워하고, 윤회에서 구할 힘은 오직 삼보에 있다고 믿는 마음으로 귀의합니다. 상사도 수행자는 자비심을 나뿐만 아니라 일체중생에게로 확장하여 일체중생의 고통을 내 고통처럼 여겨 두려워하며, 일체중생을 구제할 수 있는 힘이 오직 삼보에 있다고 믿는 마음으로 귀의합니다. 귀의의 원인이 이처럼 다른 것을 알아 내가 무슨 마음으로 귀의하고 있는지 살펴야 할 것입니다.

배우고, 사유하여, 수습함으로써 진정한 귀의심이 생기는 것은 하루 이틀 안에 이뤄지지 않습니다. 매일 눈 뜨자마자 오늘도 삼보의 은덕으로 죽지 않고 살았구나 생각하고 고마운 마음을 내야 합니다. 두려워하는 마음과 믿는 마음이 확고한지, 귀의의 원인이 진정으로 내 마음 안에 있는지 살펴보면 저부터도 부족합니다. 솔직히 귀의도 제대로 못하고 있습니다. 삼보에 귀의하는 마음을 습관들이지 않으면 끝없이 윤회해야 합니다. 두려움 없이는 신심이 없으며, 두려움은 알지 못하는 이에게 생기지 않습니다. 그렇기 때문에 우리가 공부를 하여 무지를 극복하고자 하는 것이 삼보에 귀의하는 첫 걸음이 된다고 볼 수 있을 것입니다.

소남 스님

2. 귀의의 대상

1) 왜 부처님이 귀의의 대상인가?

우리가 귀의의 원인에 대해서 살핀 다음에는 이제 귀의할 대상을 구체적으로 아는 것이 필요합니다. 귀의의 대상에 대해서는 두 가지 측면에서 생각해야 합니다. 먼저 귀의의 대상이 삼보라는 것을 확실히 아는 것과 삼보에게 우리 중생을 구해줄 수 있는 힘이 있는 이유를 확실히 알아야 합니다.

불자라면 누구나 귀의의 대상이 삼보라고 말합니다만, 불자들 가운데는 귀의하고 난후에도 삼보가 아닌 여러 세속의 신에 귀의하는 이가 적지 않습니다. 세속신이 쉽고 빠르게 이익을 준다는 이유로 현세의 이익에 지나치게 집착하는 마음 때문입니다. 그러나 세속신이 아무리 힘이 세다 한들 수명이 정해져 있고 또한 스스로조차 과보를 피할 수 없는 존재입니다. 또한 그들에게는 중생을 완전한 깨달음으로 이끌 지혜와 복덕도 없습니다. 이러한 존재가 진정한 귀의의 대상이 될 수는 없으므로, 불자들은 삼보에 귀의하고 나서 절대로 세속신에 귀의하지 말아야 합니다.

삼보에 굳건한 신심으로 귀의하기 위해서는 우리가 귀의하는 불·법·승 삼보에 대해서 정확히 알아야 합니다. 그 가운데 불보(佛寶)인 부처님은 티벳어로 '쌍게'라고 하는데 '쌍'은 번뇌장과 소지장 등 모든 허물을 제거한 이, 즉 멸성제를 성취한 분이라는 뜻이며, '게'는 일체공덕과 일체지를 갖춘 이, 즉 도성제를 성취한 분을 말합니다. 모든 허물을 제거하고 일체의 공덕과 지혜를 갖추신 분이 바로 부처님입니다.

그렇다면 부처님이 극복하신 번뇌장(煩惱障)과 소지장(所知障)은 무엇일까요? 대체 어떤 것을 극복하였기에 완전한 깨달음을 얻으셨던 것일까요? 번뇌장, 소지장의 뒤에 붙은 '장'은 장애를 의미합니다. 번뇌장은 탐·

진·치 삼독으로 대표되는 모든 번뇌를 말합니다. 탐·진·치 외에 자만, 시기, 사견(그릇된 견해)을 함께 묶어 6가지 근본번뇌라 하고, 근본번뇌를 따르는 수번뇌(隨煩惱, 20가지) 등 몇 가지 방법으로 분류합니다.

완전한 지혜에 이르지 못해 번뇌장을 극복한 이에게조차 남아있는 어둠, 무지, 무명을 유식학파와 중관학파에서는 소지장이라 합니다. 이는 마치 마늘 찧는 통에서 마늘을 없애더라도 냄새가 남아있는 것과 같이, 번뇌를 없애더라도 남아있는 나쁜 습관을 말합니다. 설일체유부에서는 '소지장'이란 단어를 사용하지 않고 '번뇌 아닌 어둠'이라고 표현하기도 합니다. 이 번뇌 아닌 어두움(무지)에는 4가지가 있습니다.

첫째, 시간이 너무 오래되어서 알지 못하는 어두움입니다. 부처님 당시 낌딱 뻴께라는 이가 나이 들어 출가하려고 했지만, 부처님 제자들은 그가 출가할 공덕이 없다고 보아 출가하지 못하게 하였습니다. 그러나 부처님께서는 낌딱 뻴께가 오랜 전생에 파리였을 때 불탑 근처의 소똥 위에 앉았다가 빗물에 쓸려 불탑을 돈 공덕이 있어 출가할 수 있다고 하면서 출가를 허락하셨습니다. 부처님 제자들 모두 지혜가 출중한 분이어서 숱한 전생을 살필 수 있지만, 이처럼 너무 오래된 일은 알지 못합니다. 그러나 부처님은 시간의 장애 없이 모든 중생의 시작 없는 전생부터 모든 일을 알고 계십니다. 너무 오래되어 알지 못하는 어두움(무지)을 정복하셨기 때문입니다.

둘째, 너무 많아서 알지 못하는 어두움입니다. 예를 들면 공작새 깃털은 저마다 색깔이 다르고 털마다 색깔이 다른 각각의 원인이 있습니다. 그러나 이와 같이 그 수가 너무 많으면 원인과 결과를 알기 어렵습니다. 부처님께서는 이와 같이 너무 많아서 알지 못하는 어두움을 극복하신 분입니다.

셋째, 너무 멀어서 알지 못하는 어두움입니다. 부처님 제자 가운데 신통제일인 목련존자는 자신의 어머니가 과보로 인해 지옥에 떨어진 것을 알았지만 어느 지옥에 있는지는 알지 못했습니다. 너무 멀리 있어 자신의 지혜가 미치지 못했기 때문입니다. 그러나 부처님께서는 목련존자의 어머니가 어느 지옥에, 어떤 상태에 있는지 정확히 알려주셨습니다. 너무 멀어서 알지 못하는 어두움을 극복하셨기 때문입니다.

넷째, 너무 심오하고 미세하여 알지 못하는 어두움입니다. 예를 들어 부처님의 마음속에 있는 심오하고 미세한 계를 우리가 알 수 없습니다. 그러나 부처님께서는 티끌만큼의 착오도 없이 제대로 아시고 지계 수행을 하셨습니다. 너무 심오하고 미세하여 알지 못하는 어두움을 극복하셨기 때문입니다.

이와 같이 부처님께서는 번뇌장과 소지장, 즉 일체의 장애를 모두 극복하신 분이고, 더불어 일체공덕과 일체지혜를 갖춘 분이기에 우리가 진정으로 귀의해야 할 대상인 것입니다.

따라서 부처님께 귀의하려면 먼저 부처님이 극복하신 번뇌에 대해서 제대로 알아야 합니다. 번뇌는 편하지 못하게 만드는 생각입니다. 이것은 화냄이다, 이것은 탐욕이다, 무지이다, 자만이다, 시기이다, 사견이다 라고 우리 자신의 마음속에 일어나는 편안하지 못한 생각들을 알아차려야 합니다.

그러나 우리들은 바깥에 있는 것들은 잘 살피면서도 마음속은 잘 못 살피기 쉽습니다. 몸의 변화에 민감하게 반응하고 건강을 위해 노력하면서 정작 더 중요한 마음의 변화를 살피고 마음의 건강을 위해 노력하지는 않습니다. 바깥의 원수보다 마음속에 있는 원수들이 우리를 해친다는 점을 잘 알아야 합니다.

우리는 마음의 힘으로 살고 있습니다. 시작 없는 전생부터 우리는 마음의 하인입니다. 마음은 우리의 주인처럼 살고 있습니다. 그런데 마음은 번뇌의 하인입니다. 따라서 우리는 번뇌의 하인의 하인입니다. 우리는 사실 번뇌의 힘으로 살고 있는 것입니다. 그것을 바꾸기 위해 참선하고 수습하고 관상해야 합니다. 이 나쁜 주인으로부터 독립하기 위해 수행해야 합니다. 주인을 바꾸면 편안하게 살 수 있습니다. 윤회에서 벗어날 수 있고 부처님 경지까지 갈 수 있습니다. 이를 위해 번뇌의 힘으로 사는 습관을 바꾸기 위해 수행하는 것입니다.

그러나 몇 번의 경험을 통해 나쁜 습관을 바로 고치기는 어렵습니다. 시작 없는 전생부터 너무 익숙해진 습관으로 되어 있기 때문입니다. 술 마시는 것, 담배 피우는 것이 습관이 되면 고치기 힘듭니다. 똑같이 마음의 여러 번뇌들 또한 습관으로 자리 잡은 것들이어서 고치기 어렵습니다. 큰 병 걸렸을 때 한두 번 약 먹는다고 나을 수 없는 것처럼, 나쁜 마음의 습관을 고치기 위해서는 많은 노력을 해야 합니다. 수습, 명상, 관상, 참선 이런 것들을 티벳말로 '곰' 즉 익숙해진다는 의미인데, 이는 수행을 꾸준히 해서 익숙해져야 번뇌를 극복할 수 있다는 의미를 담고 있습니다.

번뇌를 마음 자체라고 보는 견해도 있습니다. 그 중 하나가 마음이 있으면 번뇌가 있고, 마음 자체를 없애지 못하면 번뇌를 없앨 수 없다고 보는 견해입니다. 이러한 견해는 마음 따로 번뇌 따로 이렇게 보지 않습니다. 마음 자체가 번뇌의 바탕이라고 보는 견해입니다. 그러나 만약 그 말이 맞는다면 우리는 번뇌를 없앨 수 없습니다. 번뇌를 없애려면 마음을 없애야 하고, 마음을 없애려면 마음의 끝이 있어야 한다는 말인데, 어디엔가 그 끝이 있다면 그 사람의 다음 생이 없다고 말해야 됩니다. 시작 없는 전생이나 세세생생이라는 말이 맞지 않게 됩니다. 누구나 다음 생에 부처님 경지까지 갈 수 있다는 이런 말조차 논리적 모순에 빠지게 됩니다. 따라서 번뇌를 마음 자체의 본성이라고 보는 것은 맞지 않습니다.

2) 왜 법이 귀의의 대상인가?

티벳말로 부처님의 가르침을 '최' 라고 합니다. 산스크리트어로 다르마, 한국에서 법(法)이라고 하는데, 이것에 무슨 뜻이 있습니까? 가르침을 진리라고 한다면, 여러분들은 가르침이나 진리에 귀의한다고 하면서 어떤 생각을 떠올리십니까?

티벳에서 '최' 즉 진리는 사성제 가운데 '멸성제'와 '도성제'를 말합니다. 이 가운데 멸성제를 '곡덴'이라고 합니다. '곡'은 제거하다의 뜻이 있고, '덴'은 진리의 뜻입니다. 제거, 소멸의 진리입니다.

멸성제는 오도(五道: 자량도, 가행도, 견도, 수도, 무학도) 가운데 견도(見道) 이상의 단계에 이르러야 성취할 수 있는 것입니다. 견도(見道)의 견은 보다는 뜻입니다. 말 뜻 그대로 실제 눈으로 보는 것처럼 '공성'을 명백히 인식할 수 있어야 비로소 견도를 얻었다고 할 수 있습니다. 나라와 나라 사이에 경계가 있듯이 견도 이상의 경계를 넘어서야 비로소 멸성제를 얻은 것입니다.

가르침을 '뗀바'라고도 하는데, 뗀바에는 교법(敎法)과 행법(行法, 또는 증법)이 있습니다. 교법은 부처님의 말씀인 경·율·논 등을 말하고, 행법은 부처님의 말씀인 경·율·논을 실천하는 것을 의미합니다. 우리가 법에 귀의한다고 할 때의 의미는 단순히 배워 아는 교법의 의미에 그치지 않고 실천하는 행법에 다다랐을 때 귀의한다고 할 수 있습니다. 내가 하는 것들이 법에 맞는 것인지 아닌 것인지 늘 점검하고, 가르침대로 실천해야 비로소 법 귀의를 하는 것입니다.

티벳에서 일반인들도 '최라 깝수치오'라고 하면 '부처님의 말씀에 귀의합니다.'라고 생각합니다. 물론 경전을 생각하기도 합니다. 한국의 일반 불자들과 마찬가지입니다. 그러나 좀 더 깊이 공부하면, '최'가 멸성제와 도성제를 의미한다는 것을 배웁니다. 번뇌를 멸하겠다. 이를 위해 도를 닦겠다, 도를 실천하겠다는 뜻으로 마음에 새깁니다.

부처님께서 일체중생을 구제하실 때 당신의 경험을 말씀하시는 것 외에 다른 방법을 사용하시지는 않았습니다. 오로지 부처님이 경험한 것으로 우리가 구제받을 수 있는 방법을 가르쳐주셨습니다. 그리고 그분이 알려준 것 역시 모든 번뇌와 허물을 없애기 위해 우리 스스로가 실천해야 할 방법을 알려주셨을 뿐, 외부의 힘에 의한 특별한 비법 같은 것들을 알려주시지 않았습니다. 그러니까 '가르침에 귀의합니다.'라고 할 때, 부처님께서 이와 같이 자신의 경험으로 알아 가르쳐주신 부분을 나도 따라 실천하겠다는 마음가짐으로 해야 합니다.

아는데 그치지 않고 부처님 법을 잘 실천하려면, 부처님의 가르침에 대한 확신이 있어야 합니다. 부처님의 가르침이 나와 중생의 모든 허물을 제거하는데 타당한 것인지, 일체의 공덕을 기르는 데 나에게 실질적 도움이 되는 것인지 분석을 바탕으로 한 확신이 있어야 비로소 법보에 귀의할 수 있습니다.

3) 왜 승가가 귀의의 대상인가?

세 번째 승보는 승가를 말합니다. 승가의 뜻은 무엇입니까? 그냥 스님들입니까? 승복 입고 머리 깎은 분들을 승보라 합니까? 승가는 티벳말로 '겐뒨'이라고 합니다. '겐뒨'이라 하면 오도에서 견도 이상을 얻은 분을 칭합니다. 그러나 견도 이상 얻지 못했지만, 자량도·가행도에 있는 사람도 승보로 여기면 공덕이 있다고 합니다. 또 우리가 자주 만나는 스님들을 승보로 생각하는 것도 진짜 승보에 귀의하는 것만큼 공덕이 있습니다. 그런데 티벳에서는 스님 한 분을 승보라 하지는 않습니다. 비록 견도 이상을 얻지 못하였더라도 비구계 얻은 네 분 이상의 스님들이 모여 있을 때 승보라 합니다.

그런데 불보와 법보에만 귀의하면 되지 왜 승보에도 귀의해야 할까요? 그 이유는 수행은 혼자하면 힘들고 좋은 도반들이 필요하기 때문입니다. 승보는 우리를 돕는 좋은 친구들입니다. 함께 수행하면 그만큼 힘이 있습니다. 이익도 있습니다. 승보는 그 분이 하니 나도 하겠다고 마음먹게 해 주는 좋은 친구와 같습니다. 그래서 승보에 귀의하는 것입니다.

부처님은 의사, 부처님의 가르침 즉 법보는 약, 승보는 간호사에 비유 하기도 합니다. 우리는 환자입니다. 환자가 번뇌의 병이 나으려면 의사도 필요하고, 제일 중요한 약도 필요합니다. 도와주는 간호사도 필요합니다. 의사가 아무리 훌륭해도, 좋은 처방전을 주어도, 우리 스스로 약을 먹지 않으면 나을 수 없습니다. 여기에 승보와 같은 간호사가 도와주어야 잘 나을 수 있습니다. 육신의 병이 낫기 위해 의사, 약, 간호사의 도움을 얻 듯이 마음의 병이 낫기 위해 불·법·승 삼보에 귀의하는 것도 같은 이치입 니다.

우리는 복이 없어 부처님을 직접 뵙지도 못했고, 부처님의 말씀을 직접 듣지도 못했으며, 수많은 아라한(성문연각아라한, 보살아라한, 대승아라한 이신 부처님)들을 뵙고 도움을 얻지도 못했습니다. 우리가 지금 볼 수 있 는 것은 불상, 경전, 스님들입니다. 이들을 보고 삼보로 인식하면 그 공덕 도 직접 삼보를 보는 것과 같다고 합니다.

부처님이 항상 계시는데 우리가 뵙지 못하는 이유는 업장이 두껍고, 뵐 수 있는 공덕을 갖추지 못했기 때문입니다. 어디에도 부처님이 안 계신 곳은 없다고 합니다. 우리도 업장을 소멸하면 언제든 부처님을 뵐 수 있 습니다. 불상을 부처님으로 생각하여 귀의하면 직접 부처님께 귀의한 것 과 공덕도 같다고 합니다. 경전을 보면서 진짜 부처님 말씀하시는 것처럼 생각하면 그것 역시 공덕이 같다고 합니다. 스님을 보고 승보로 생각하여 귀의하면 그 공덕도 같다고 이야기합니다.

삼보의 소중함을 생각하고 귀의하는 것에 모든 부처님의 가르침이 다 들어있습니다. 똑같이 삼보에 귀의한다고 말하지만, 삼보를 알고 귀의를 하는데 있어서는 저마다 큰 차이가 있습니다. 하사도, 중사도의 귀의 없 이 상사도의 귀의를 할 수 없습니다. 자기의 고통에 대해서 아파하지 못하면, 남의 고통을 제대로 알 수 없습니다. 자기가 고통에서 벗어나고자 하는 출리심이 없다면, 남을 고통에서 벗어나게 하고자 하는 자비심과 연민심이 생길 수 없습니다. 자기가 윤회함으로써 얼마나 고통스러운지 알지 못하면서 남에 대해서 어떻게 생길 수 있겠습니까? 삼악도에 대해 두려워하는 마음이 없다면, 윤회에 대해 두려워하는 마음도 없습니다. 윤회에 대해 두려워하는 마음이 없다면, 타인의 고통에 대해 두려워하는 마음도 없습니다. 하사도의 귀의, 중사도의 귀의, 상사도의 귀의 이렇게 단계대로 갑니다. 그렇게 단계적으로 관상해야 합니다. 처음에 할 때는 단계적으로 하고, 다음에 익숙해지면 단계적으로 하지 않아도 됩니다.

삼보에 귀의하는 것만큼 공덕이 커집니다. 말로만 귀의하는 것도 큰데, 마음으로 귀의한다면 그 공덕은 헤아릴 수 없이 큽니다. 마음으로 귀의하는 공덕의 크기는 삼계를 다 채우고도 남을 정도로 한량없이 크다고 이야기합니다. 공덕을 복전(福田)이라고 합니다. 아무리 좋은 씨앗이라도 밭이 나쁘면 좋은 수확을 거둘 수 없듯이, 우리가 아무리 열심히 수행하여도 공덕이 바탕이 되지 않으면 큰 결실을 맺을 수 없습니다. 이렇게 중요한 공덕을 쌓는데, 삼보에 귀의하는 것만큼 큰 것이 없다고 합니다.

3. 귀의의 방법

1) 삼보 각각을 알고 귀의하기

① 부처님의 공덕을 알고 귀의하기

불·법·승 삼보가 왜 귀의해야 할 의지처인지 알았다면, 그 다음 어떻게 귀의할 것인가의 방법을 아는 것이 중요합니다. 그냥 귀의한다고 말로만 하면 되는 것이 아니라 제대로 된 방법으로 귀의해야 하기 때문입니다. 이때 4가지를 알고 귀의해야 한다고 하는데, (1)삼보의 공덕을 아는 상에서 귀의하는 것, (2)삼보 각각의 차이를 아는 상에서 귀의하는 것, (3)삼보를 인정하는 상에서 귀의하는 것, (4) 외도와 불도의 귀의처의 차이를 아는 상에서 귀의하는 것입니다.

먼저 삼보의 공덕을 알면서 귀의하는 것이 매우 중요합니다. 삼보의 공덕이 어떤 것인지 잘 알지 못한 채 막연하게 귀의해서는 안 됩니다. 삼보의 공덕을 안다 함은 부처님의 공덕, 가르침의 공덕, 승가의 공덕 등 삼보 각각의 공덕을 아는 것인데, 이 가운데 부처님의 공덕을 알 때는 네 가지로 나누어 생각하여야 합니다.

첫째, 부처님 몸의 공덕을 알아야 합니다. 누구든지 부처님을 뵈면 좋지 않은 마음이 사라지고, 믿어 의지하고 싶은 마음이 생긴다고 합니다. 달라이 라마 존자님을 뵐 때 대부분의 사람들은 잠깐 뵙는 것만으로도 그 분을 믿어 의지하고 싶은 마음이 생깁니다. 이와 같이 부처님께서는 언제 어디서 어떤 상황에서든 뵙는 것만으로도 선한 마음이 생길 정도였다고 합니다. 그 정도로 몸의 공덕이 한량없이 크신 분이십니다.

부처님의 몸의 공덕을 표현하는 말로 32상 80종호가 있습니다. 상은 티벳어로 '첸' 이라 하고, 종호는 '뻬제' 라고 합니다. 한국말로 '첸' 은 주된 모양, '뻬제' 는 부차적인 모양이라 말할 수 있습니다. 부처님의 32상 가운데 첫 번째 상은 손바닥, 발바닥에 법륜이 있는 것입니다. 이 상은 부처를 이루기 전에 스승들을 마중 나가고 배웅하는 등의 공덕으로 이루어 진 것입니다. 그렇기 때문에 티벳에서는 달라이라마 존자님이나 큰 스승들을 맞이하고 배웅할 때 카닥이나 향 등을 들고 줄을 서서 기다립니다. 이와 같이 32상 80종호는 지혜와 공덕을 갖춘 위대한 몸의 공덕을 의미합니다.

어떤 사람은 손가락 사이에 갈퀴 같은 것이 있다거나, 팔이 무릎 아래로 내려간다거나 하는 32상에 대한 설명을 두고, 괴물 같은 모습이어서 과장된 표현이 아니냐고 생각하기도 합니다. 그러나 경전에 표현된 32상의 모습은 우리 인간의 모습 즉 화신으로 나투신 부처님을 표현한 것이 아니고 보신불의 모습을 나타낸 것입니다.

보신에는 5가지 특징이 있다고 합니다. 첫 번째 특징은 32상 80종호를 갖춘 몸의 특징입니다. 두 번째 특징은 계신 곳이 이 세간(욕계)이 아니라 색계 17천인 무상천의 위 18무상천에 계시는 것입니다. 세 번째 특징은 오로지 대승법만 설하시고, 네 번째 특징은 제자도 대승의 제자만 있다고 합니다. 성문·연각은 이곳에 없습니다. 다섯 번째 특징은 사바세계가 소멸될 때까지 중생을 다 구제할 때까지 머무시는 것입니다. 부처님께서 그와 같이 원을 세우신 겁니다. 32상 80종호는 이렇게 보신으로 나타난 부처님의 몸의 공덕을 가리키는 것입니다.

대승 경전에는 부처님께서 나무나 산, 동물이나 다리(橋), 먹을 것과 같은 모습으로도 나투신다고 하는데 이것이 화신입니다. 보신을 바탕으로 중생 구제를 위해 화신으로 나타나는 것입니다. 화신에도 세 종류가 있습니다. 부처님과 같은 최상의 화신도 있고, 동물처럼 태어나는 화신, 다리(橋)나 먹을 것으로도 나타나는 '만든 화신'이 있습니다.

그러나 보신과 화신의 공덕은 다른 것이 아닙니다. 그것은 다른 몸이 아니라 다르게 나투신 것뿐입니다. 같은 분입니다. 그러니까 보신의 공덕과 화신의 공덕은 같습니다. 바깥으로 나타나지 않더라도 화신불에 보신불이 내재되어 있습니다. 전륜성왕이나 어떤 사람의 경우처럼 부처님 경지까지 가지 못하더라도 부처님 몸의 공덕과 비슷한 것이 나타날 수 있습니다. 예를 들면 계율을 잘 지키는 스님에게는 오랫동안 몸을 씻지 않아도 향내가 난다고 합니다. 계향·정향·혜향 할 때의 향이 그것입니다.

부처님 몸의 공덕을 갖추기가 얼마나 어려운 것인지, 용수보살이 쓴 〈보만론〉에 다음과 같이 나옵니다. 벽지불(연각, 독각), 성문, 전륜성왕과 모든 중생들의 공덕을 하나로 모으면, 즉 일체중생이 삼세에 지은 모든 공덕들을 하나로 모으면 부처님 몸의 털구멍 하나의 공덕과 비슷하다고 합니다. 그러한 털구멍이 엄청나게 많은데 그 모든 털구멍의 공덕을 합한 것의 100배가 부처님의 80종호 중 하나의 공덕과 비슷합니다. 그 다음에 80종호를 모두 모은 것의 100배에 달하는 공덕이 32상 가운데 백호와 살상투를 제외한 30상 중 하나의 공덕에 해당됩니다. 30상의 공덕 모두를 합한 것의 천 배를 모아야 백호의 공덕 크기에 해당하고, 백호 공덕의 십만 배가 살상투에 해당됩니다. 부처님의 공덕이 얼마나 큰지 우리로서는 헤아리기 어렵습니다.

둘째, 부처님 말씀의 공덕을 알아야 합니다. 〈보만론〉에 따르면 백호 공덕의 백억 배의 공덕의 크기에 해당하는 것이 부처님 말씀의 공덕이라고 합니다. 몸의 공덕보다 한량없이 큰 것이 말씀의 공덕입니다. 부처님께는 60가지 음성의 공덕이 있습니다. 부처님께서 말씀하시면 가깝고 먼 차이 없이 다 똑같이 들을 수 있고, 시방일체 모든 중생이 동시에 각각 질문해도 각각의 답변을 동시에 해줄 수 있다고 하며, 들어도 또 듣고 싶은 음성이라고 합니다. 이런 것들이 부처님 말씀의 공덕입니다. 쫑까파 대사의 〈문수보살 찬탄 게송〉에 보면 60가지 음성의 공덕이 나옵니다.

티벳에서는 부처님보다 부처님의 말씀을 더 존중합니다. 법당에 불상과 경전이 있을 때, 티벳에서는 경전을 더 중요하게 생각합니다. 왜냐하면 부처님도 소중하지만, 우리는 부처님 말씀을 통해서 법을 배울 수 있기 때문입니다. 실제로 병을 낫게 하려면 우리를 직접 구제해주는 약을 먹어야 하듯이, 부처님 말씀에 의지하는 것을 더 소중하게 생각하기 때문에 경전을 더 중요하게 여깁니다.

셋째, 부처님 마음의 공덕을 알고 의지해야 합니다. 부처님 마음의 공덕은 지혜의 공덕과 자비의 공덕 두 가지입니다. 자비의 공덕은 7대 달라이 라마 존자님께서 쓰신 〈관세음보살 찬탄 기도문〉에 다음과 같이 표현되어 있습니다. 여기에 '우리가 스스로를 소중하게 여기고 사랑하는 마음을 한 방울의 비라고 한다면, 부처님께서 중생을 사랑하는 마음은 내리는 비 전체에 비유할 수 있다.' 고 하였습니다. 우리가 스스로를 사랑하는 것보다 부처님께서 우리를 사랑하는 것이 더 크다는 것, 이것이 부처님의 한량없는 자비의 공덕입니다.

지혜의 공덕은 부처님께서 모르는 대상이 하나도 없는 일체지를 갖춘 분이라는 것입니다. 〈입보리행론〉에 보면 '혼자 있으니까 다른 사람이 잘 모르겠지.' 하고 생각하여 함부로 행동할 수도 있는데 부처님께서는 일체를 우리보다 더 자세히 알고 계시기 때문에 속일 수 없다고 생각해야 한다고 합니다. 부처님께서는 막힘없이 우리를 항상 보고 있습니다. 늘 부처님과 보살님이 계신다고 생각하면 조심스럽게 행하게 됩니다. 큰스님이 옆에 계시면 마음대로 행동할 수 없듯이, 마음속에 항상 불보살이 계신다고 생각하면 몸과 말과 마음을 늘 조심스럽게 할 수 있습니다. 지혜의 공덕이라 하면 이처럼 모든 대상에 대해 다 막힘없이 알고 계신 공덕입니다. 우리는 지혜가 적고 대상은 많지만, 부처님은 대상과 지혜가 같다고 합니다.

넷째, 부처님 행의 공덕은 사업(事業)의 공덕이라고도 합니다. 기억 못하고 알지 못하는 것 전혀 없이 부처님은 늘 중생의 근기에 맞게 행하고 계십니다. 〈현관장엄론〉에 보면 부처님의 27가지 행위의 공덕이 나와 있습니다.

우리가 부처님을 생각할 때, 이런 부처님의 공덕들을 생각하면서 해야 합니다. 부처가 되는 것은 쉬운 일이 아닙니다. 부처를 이루기 위해서는 많은 복을 쌓아야 합니다. 그래서 한국에서도 설날 "복 많이 받으세요." 라고 하는 것 아닐까요? 부처님의 복덕이 얼마나 큰지 알아야 합니다. 알지 못하는 것 하나 없이 일체지를 갖추고, 한량없는 공덕을 지으셨기에 부처를 이루신 것입니다. 이와 같이 삼보의 공덕을 알면서 귀의하는 것이 매우 중요합니다.

부처님의 공덕에 대해서 사유하는 공덕도 매우 큽니다. 부처님 명호만 들어도 큰 공덕이 있다고 하는데, 부처님의 몸, 말, 마음, 행의 공덕을 하나하나 사유한다면 그 공덕은 더욱 커집니다. 농사지을 때 논과 밭은 날씨와 계절을 가리지만, 삼보의 복밭은 언제든, 어떻게든 사유하고 귀의하면 차별 없이 공덕을 쌓을 수 있습니다. 설혹 우리의 마음 동기가 잘못되었더라도 부처님 덕분에 공덕을 쌓을 수 있다고 하니, 부처님의 공덕이 얼마나 큰지 알 수 있습니다. 부처님께 귀의한다 함은 이렇게 큰 공덕을 갖춘 완전한 분을 존경하는 마음에서 출발합니다. 일반인 가운데 뛰어난 사람을 보아도 존경하는데, 이렇게 부처님의 공덕을 알고 나면 훨씬 더 지극하고 큰마음으로 공경하게 됩니다. 부처님도 처음부터 부처를 이룬 것이 아니라 꾸준히 수행해가면서 부처를 이루었듯이 우리도 열심히 수행한다면 누구나 부처가 될 수 있습니다. 여러 지혜와 방편에 의지해 단계적으로 부처님 경지까지 갈 수 있습니다.

그것을 위해서 가장 중요한 것은 마음 동기입니다. 보통 우리가 "안녕하십니까?" 하고 인사하지만, 아띠샤 존자님께서는 "셈 상보 중외" 즉 "선한 마음이 생겼습니까?" 하고 인사하셨다고 합니다.

우리의 마음 동기에 따라 공덕의 크기도 차이가 납니다. 같은 장소에서 똑같은 시간동안 기도를 해도 마음 동기에 따라 그 과보는 너무 다릅니다. 일체중생의 완전한 깨달음을 위해 기도하면 일체중생이 완전한 깨달음을 얻을 때까지 그 공덕이 남아있게 되며 상사도를 수행하는 것입니다. 사바세계에서 벗어나기 위해 기도하면 그것은 해탈을 이루는 원인이 되고 중사도를 수행하는 것입니다. 다음 생을 위해 기도하면 삼악도에 떨어지지 않는 원인이 되고 하사도를 수행하는 것입니다. 무병장수를 위해 기도하면 이번 생만 위했기 때문에 이는 삼사도의 수행에 들어가지 못하고 이번 생에만 도움이 됩니다. 우리는 대부분 무병장수를 위해 기도하는데, 마음 동기를 제대로 가지면 무병장수는 저절로 옵니다. 그러므로 마음 동기를 크게 가져야 합니다.

어떤 마음 동기로 공부하는지 남이 알 수 없습니다. 남이 미세한 마음을 알 수 없습니다. 자기만이 알 수 있습니다. 따라서 내가 어떤 마음 동기로 공부하는지 늘 살펴보아야 합니다. 귀의에 대해 마음 깊이 사유하여 수행을 잘하려고 오는 것과 그냥 멋으로 배우려고 오는 것과는 공덕의 차이가 있습니다. 마음 동기에 따라 행과 말도 다 다르게 나타납니다. 달라이 라마 존자님을 뵈면 말로 표현할 수 없는 따뜻한 기운을 언제나 느낄 수 있습니다. 이는 달라이 라마 존자님의 마음 동기에 따르는 것입니다. 이것이 곧 보리심입니다. 따뜻한 마음을 느끼게 하는 보리심을 갖기 위해서는 삼보에 귀의해야 합니다.

② 법의 공덕을 알고 귀의하기

부처님의 몸, 말, 마음, 행의 공덕에 대해 사유한 후에는 법의 공덕과 승가의 공덕에 대해서도 알고 귀의해야 합니다.

법(다르마) 즉 부처님의 가르침은 티벳어로 '최'인데 '지니다'는 뜻이 있습니다. 그리고 변화시키다, 다스리다, 바꾸다는 뜻도 있습니다. 이 가르침이야말로 실제적인 귀의처입니다. 부처님께서 우리를 고통에서 직접 벗어나게 해주실 수는 없지만, 고통에서 벗어날 수 있는 방법에 대해서는 말씀해주셨습니다. 그러므로 법에 의지해야만 고통에서 벗어날 수 있습니다. 또한 우리는 부처님으로부터 직접적인 가르침을 받을 수 없지만, 우리를 돕는 도반들 즉 승가에 의지할 수 있습니다.

먼저 법의 공덕을 생각할 때, 사성제 가운데 멸성제와 도성제를 생각해야 합니다. 부처님의 가르침 모두가 법이지만, 좁혀서 말하면 사성제 가운데 멸성제와 도성제가 법입니다. 부처님은 고통을 고고(苦苦), 괴고(壞苦), 행고(行苦) 이 세 가지로 말씀하셨습니다. 고고는 우리가 흔히 몸과 마음으로 겪는 고통으로 사람뿐만 아니라 축생들도 겪는 고통입니다. 괴고는 우리가 행복으로 느끼는 모든 것이 결국 고통으로 변하고 이것으로 인해 받는 고통입니다. 행고는 번뇌와 업의 힘으로 끝없이 윤회하는 자체의 고통을 말합니다. 제행무상의 행이 바로 이 행입니다. 부처님께서 말씀하신 고성제의 고는 주로 마지막 행고를 말합니다. 그런데 우리는 사실 행고가 고통인지 모르며 고통으로 인식하지도 못합니다. 그래서 부처님께서는 이 고성제를 무상, 고, 공, 무아 등 네 가지 측면에서 설하셨습니다.

부처님께서는 고, 집, 멸, 도 사성제를 각각 4가지 특성을 바탕으로 하여 총 16가지의 측면에서 설하셨습니다. 이것에 대해서는 법칭보살의 〈인명학〉에 자세히 나와 있습니다. 그런데 부처님께서 초전법륜에서 사성제를 설하실 때 '집고도멸'이라고 하시어 인과의 순서대로 말하지 않고, 고와 멸이라는 과보(결과)를 먼저 말하고, 집과 도라는 원인을 나중에 말씀하셨습니다. 과보를 먼저 설하고 그 원인을 뒤에 설한 이유는 무엇일까요? 그 이유를 아십니까?

부처님께서 왜 인과를 반대로 가르쳐주셨는가는 우리가 몸이 아플 때 그것을 낫게 하기 위해 행하는 것들과 비교해보면 알 수 있습니다. 병으로 인한 고통이 무엇인지를 알고 나서(고성제) 그 원인을 찾습니다(집성제). 그 다음 고통에서 벗어난 건강한 몸의 상태(멸성제)를 위해 치료하고 약을 먹습니다(도성제).

마음의 병 또한 마찬가지입니다. 고통에서 벗어나고 싶은 마음이 생겼다면, 고통의 원인을 알아야 치료할 수 있습니다. 고통의 원인인 업과 번뇌를 알아야 합니다. 이것이 고통의 원인인 집성제입니다. 고통을 제거하고 싶으면 고통의 원인을 제거해야 합니다. 원인을 제거하지 않으면 고통을 제거할 수 없습니다. 그 다음 고통의 원인이 다 소멸된 상태(멸성제)를 얻고자 하는 마음이 있을 때, 방법인 도성제를 실천하여 멸성제를 얻을 수 있습니다. 이 때문에 부처님께서도 고, 집, 멸, 도의 순서대로 설하셨습니다. 인과의 순서가 아니라 실천 수행하는 순서대로 가르치신 것입니다. 반면에 부처님께서는 〈팔천송 반야바라밀경〉에서 원인을 먼저 설하고 결과를 그 다음에 설하셨습니다. 집, 고, 도, 멸의 순서입니다. 마찬가지로 미륵보살님께서도 〈현관장엄론〉에서 인을 먼저 설하고 과를 설하셨습니다. 이렇게 고집멸도 사성제를 두 가지 방법으로 설할 수 있습니다. 이와 같이 법의 공덕은 우리 중생을 직접 구제할 수 있는 데 있습니다.

③ 승가의 공덕을 알고 귀의하기

승가의 공덕은 오도 가운데 견도(見道) 이상을 얻은 분들의 공덕을 말합니다. 견도는 우리들의 눈에 현상이 자세히 보이는 것처럼 견도를 이룬 분들이 '공성'을 분명하게 인식하는 경지입니다. 오도 중의 가행도 안에 4가지 단계가 있는데, 이 가운데 세 번째 단계인 '쇠바' 이상의 경지를 얻으면 삼악도에 떨어지지 않게 된다고 합니다. 또 삼악도에 떨어질까 두려워하는 마음이 없어집니다. 가행도 다음이 견도입니다. 견도는 마음을 편하지 못하게 만드는 번뇌를 어느 정도 제거한 상태입니다.

이와 같이 우리는 부처님의 공덕, 법보의 공덕, 승보의 공덕을 깊게 생각하면서 귀의해야 합니다. 이런 공덕을 알아야 제대로 귀의할 수 있습니다. 용수보살의 〈보만론〉에서는 부처님의 가르침을 신심과 지혜 두 가지로 요약하고 있습니다. 처음 귀의할 때에는 믿음이 중요하며, 윤회에서 벗어나고자 할 때는 지혜가 더욱 중요해집니다.

처음 공부할 때 신심이 없으면 부처님 말씀대로 행하지도 않고, 그대로 배우지도 못하기 때문에 지혜가 생길 수 없습니다. 그러므로 처음에는 신심이 매우 중요합니다. 신심에는 모르고 믿는 마음(미신, 맹신)과 알고 믿는 마음(지혜로운 신심) 두 가지가 있습니다. 지혜를 바탕으로 한 신심도 중요하지만, 모르고 믿는 마음도 무시해서는 안 됩니다. 옛날 티벳의 한 할머니가 인도에 장사하러 다니는 아들에게 "인도에 가면 꼭 부처님 사리를 모셔 달라." 고 부탁하였습니다. 그런데 아들이 세 번이나 잊어버립니다. 그러자 어머니가 다시 길 떠나는 아들에게 이번에도 사리를 구해오지 않으면 죽어버리겠다고 합니다. 그러나 아들은 이번에도 잊어버리고 집에 다 와서야 그 생각을 떠올리게 됩니다. 어머니가 걱정이 되어 길가에 죽어있는 개의 이빨을 가져다 어머니에게 드립니다. 어머니는 이것을 부처님 진신사리로 믿고 공경히 모시며 열심히 기도합니다. 그러자 그 이빨이 실제 부처님 진신사리처럼 증식했다고 합니다. 이처럼 믿는 마음이 있으면 개의 뼈에서도 부처님 진신사리가 나타납니다. 이런 것이 신심 즉 믿는 마음입니다.

지혜를 바탕으로 생긴 신심이 아니더라도 이와 같이 무조건 믿는 마음은 믿음이 없는 것과는 큰 차이가 납니다. 공부를 조금 한 사람들은 무조건 믿는 마음도 갖기 힘들고, 지혜를 바탕으로 믿는 마음도 없습니다. 그러므로 무조건 믿는 사람도 아니고 지혜를 바탕으로 믿는 사람도 아닌 이 중간에 있는 사람들은 법에 대해 제대로 귀의하기가 힘이 듭니다. 지혜를 바탕으로 믿는 마음이 생기기 전의 어정쩡한 중간 상태에 많은 사람들이 떨어져 있습니다.

지혜를 바탕으로 한 신심은 공성에 대한 체득이 바탕이 된 신심을 말합니다. 공성을 선명하게 인식하는 견도는 실재로 없는 것을 있다고 생각하는 무지(뒤집힌 견해)를 벗어난 것입니다. 우리가 크게 화낼 때 '나'라고 하는 마음에서 비롯됩니다. 그러나 확실하게 존재하는 실재적인 '나'는 없습니다. '나'라는 실재가 없다고 믿는 원인을 통해 있다고 믿는 과(무명, 무지)를 제거할 수 있습니다. 이를 뿌리부터 제거할 수 있는 방법에 대해 법칭보살이 〈인명학〉에서 자세히 설명하셨습니다. 지혜를 바탕으로 하여 생기는 신심은 생기기 힘들기 때문에 이것을 생기게 하기 위해서는 부처님의 가르침을 문사수(聞思修)를 통해 집중해서 꾸준히 공부해야 합니다.

2) 삼보의 차이를 알고 귀의하기

차이를 아는 상에서 귀의하는 것에 대해서는 무착보살이 쓴 〈집학론〉

에서 6가지 차이를 아는 상에서 귀의하는 것에 대해 말씀하셨습니다. 삼보 각각의 뜻이 무엇인지 정의의 차이를 정확히 알고 귀의하는지 아닌지에 차이가 있습니다. 또한 복덕이 늘어나는가의 차이, 부처님을 기억하는 차이, 믿음의 차이 등입니다. 이와 같이 차이를 아는 상에서 귀의하여야 합니다.

3) 삼보를 인정하는 상에서 귀의하기

인정하는 상에서 귀의하는 것입니다. 불보는 중생을 구제해주는 법보를 보여주는 분으로, 법보는 실제로 구제해주는 법으로, 승보는 구제해주는 도반으로 인정하며 귀의하는 것입니다. 이는 우리가 병을 낫게 하려 할 때 의사, 약, 간호사가 필요한 것을 인정하는 것처럼 부처님을 의사로, 법을 약으로, 승가를 도와주는 간호사로 생각하여 귀의하면 이것이 삼보를 인정하는 상에서 귀의하는 것입니다.

4) 외도와 불도의 귀의처의 차이를 알고 귀의하기

외도와 불도의 귀의처의 차이를 아는 상에서 귀의하는 것입니다. 외도에도 불교의 삼보와 같이 귀의처가 있습니다. 설법자, 가르침, 가르침을 따르는 무리가 있습니다. 그런데 불교와 외도의 귀의처가 어떤 차이가 있는지 알고서 귀의해야 한다는 것입니다.

할 수 있으면 하고, 없으면 안하고 하는 식으로 하기 때문에 잘 안됩니다. 이것을 매우 중요하게 생각해야 합니다. 다 무상입니다. 영원한 것은 없습니다. 나도 언젠가 죽습니다. 죽은 뒤에 다음 생에 대해 생각해보면 믿을 수 있는 여러 가지 일들을 할 수 있습니다. 아이들이 태어나면 제각기 다 다릅니다. 어떤 사람들은 쉽게 불법을 배우고, 어떤 사람은 고생을 많이 해도 배우지 못합니다. 어떤 사람들은 태어날 때부터 장애를 갖고 태어납니다. '세상에 이런 일이'라는 TV 프로그램에 보면 인과에 대해 가르치고 있습니다. 모두 다 인과 따라 있기 때문에 다음 생은 있습니다. 과학적으로 인정하지 않아도 전생, 다음 생이 없다고는 말하지 않습니다. 중간에 있습니다. 부처님 말씀하신 수많은 전생 이야기들이 다 가짜라고 할 수 없습니다. 논리적으로 생각하면 찰나찰나 모든 것이 변하는 것입니다. 영원하다면 변할 수 없습니다.

우리가 일반적인 일도 중요하게 생각되면 끝까지 하듯이, 부처님 가르침이 중요하다고 생각된다면 꾸준히 배우고 실천해야 합니다. 참선에도 여러 가지가 있습니다. 처음에는 사유하는 것이 매우 중요합니다. 그것이 어느 정도 되면 집중하는 것이 중요합니다. 대상 하나에 대해 집중하는 것입니다. 위빠사나는 사유, 분석하는 것입니다. 부처님의 공덕에 대해 많이 생각하면 신심이 더 커집니다. 죽음, 무상에 대해 사유를 많이 하면 수행정진하게 됩니다.

4. 귀의의 여덟 가지 이익

삼보에 귀의하게 되면 다음의 여덟 가지 이익이 있습니다. 우리가 수행을 하고 깨달음을 구하는 것도 이익이 되기 때문에 하듯이, 귀의에 대해서도 분명한 이익이 있음을 잊지 않으면, 귀의하고 싶은 마음이 더욱 커질 것입니다. 〈람림〉에서는 귀의의 여덟 가지 이익을 말하고 있습니다.

첫째, 삼보에 귀의하면 불자로서 불교에 제대로 입문할 수 있게 됩니다. 귀의하는 마음이 있다면 불자입니다. 귀의하는 마음이 없다면 불자가 아닙니다. 귀의는 불자로서 불교에 입문하게 되는 근본이 됩니다.

둘째, 모든 계율의 기초를 다지게 됩니다. 귀의가 없다면 오계도 받을 수 없습니다. 귀의가 바탕이 되어야 합니다. 모든 계율이라면 별해탈계를 말합니다. 사미계, 사미니계, 비구계, 비구니계, 식차마나니계 이 다섯 가지는 출가자의 계입니다. 다음에 팔재계 즉 대승팔계가 있습니다. 보리심을 바탕으로 여덟 가지 계목을 지키는 것입니다. 하루 24시간동안 지키는 계입니다. 팔재계는 하루만 지키면 되기 때문에 남녀의 두 가지 계로 나누지 않습니다. 그 다음에 오계가 있습니다. 한국에서는 남자 오계, 여자 오계를 나누지 않지만 티벳에서는 남자와 여자의 오계를 각각 나눕니다. 오계는 평생을 지켜야 하기 때문입니다. 이런 것이 산스크리트어에도 나와 있습니다. 이렇게 해서 모두 여덟 가지 계가 별해탈계이고, 여기에 보살계, 대승계 등을 합쳐 모든 계율을 지키는데 있어 귀의가 바탕이 됩니다.

셋째, 예전부터 쌓은 업장이 모두 소멸됩니다. 불·법·승 삼보에 진심으로 귀의하면 업장들이 소멸됩니다.

넷째, 큰 공덕을 빠르게 쌓을 수 있게 됩니다. 일반적으로 공덕을 쌓을 수 있는 것은 선행 때문인데, 선행에는 원인이 되는 행(마음 동기), 실제의 행, 결과가 되는 행(회향) 세 가지가 있습니다. 좋은 마음 동기가 있더라도 실제 행이 부족하기 쉽고, 실제 행하는 것을 잘하더라도 회향이 부족하기 쉽습니다. 이 세 가지를 모두 완벽하게 하기 힘듭니다. 마음 동기도, 행도, 회향도 잘해야 합니다. 삼보에 귀의하면 세 가지를 전부 갖추지 못하거나 설혹 좋지 않은 마음 동기가 있다 하더라도 복을 받을 수 있습니다. 우리 쪽으로는 부족하더라도 귀의하는 마음만 있다면 부처님의 무량한 공덕 때문에 복을 받는다고 합니다. 부처님의 힘으로 수행 쪽으로 들어갈 수 있다고 합니다. 심지어는 악한 마음으로 귀의하더라도, 부처님 덕분에 큰 공덕을 쌓을 수 있다고 합니다. 이렇게 불·법·승 삼보와 연결된 공덕은 매우 큰 공덕입니다.

문) 귀의했다가도 이기심으로 살다가 귀의하는 마음을 잊어버리면 어떻게 됩니까? 출가했다가 귀의하는 마음을 잃어버리거나 하면…

답) 귀의하는 마음이 없어지면 공덕이 없습니다. 악한 마음으로라도 귀의하는 마음이 있으면 공덕이 있지만, 귀의하는 마음을 잃어버리면 공덕은

소남 스님

없습니다.

문) 부처님에게 욕을 하면서도 믿음이 있으면 공덕 있습니까?

답) 욕하면서 어떻게 믿음이 있습니까?(웃음) 말이 아닌 마음으로 욕하면서 믿음이 생길 수는 없습니다. 중국 사람들은 티벳인들이 달라이 라마 존자님 사진을 가지고 있으면 달라이 라마 존자님에 대한 나쁜 말을 하면서 고통을 줍니다. 이에 대해 달라이 라마 존자님께서는 티벳인들에게 "입으로 욕해도 괜찮으니, 그것 때문에 중국 사람으로부터 힘들어 할 필요 없다. 괜찮으니까, 나에게 욕을 해도 된다." 라고 하십니다. 그렇지만 티벳인들이 욕하지 않습니다. 이와 같이 입으로 욕하는 것과 마음으로 욕하는 것의 차이가 있습니다. 마음이 더 중요합니다.

다섯째, 사람과 사람 아닌 것들로부터 해침을 당하지 않게 됩니다. 귀신같은 것들로부터 해침을 당하지 않게 됩니다. 진심으로 귀의하는 마음이 있으면 그런 존재들을 무서워할 필요가 없습니다. 혼자 있을 때 무서우면, '불·법·승에 귀의합니다.' 하고 생각하면 해침을 당하지 않습니다. 걱정하지 않아도 됩니다.

여섯째, 삼악도에 떨어지지 않게 됩니다. 삼보에 귀의하지 않으면 삼악도에 떨어지게 됩니다. 평소에 귀의하는 마음이 있으면 죽을 때 쉽게 부처님을 기억할 수 있고, 삼보에 귀의하는 마음으로 죽으면 삼악도에 떨어지지 않고 다음 생에 좋은 곳에 태어날 수 있게 됩니다.

일곱째, 금생과 다음생의 모든 일을 저절로 이룰 수 있게 됩니다.

여덟째, 빨리 성불할 수 있게 됩니다.

〈람림〉에 보면 이렇게 귀의하는 공덕이 설명되어 있습니다. 삼보에 귀의하는 공덕의 크기를 물질로 표현할 수 있다면, 욕계·색계·무색계의 삼계에 다 넣어도 들어가지 않을 정도로 크다고 합니다. 바닷물 하나하나를 헤아릴 수 없듯이 삼보에 귀의하는 공덕도 헤아릴 수 없다고 합니다. 저도 아직 삼보에 제대로 귀의하고 있지 못하지만, 우리 모두가 조금씩 조금씩 해나가야 합니다. 여러 가지 이익과 공덕을 생각하면 귀의하고 싶은 마음이 생깁니다. 우리가 무슨 일을 하더라도 이익 되기에 하는 것입니다. 농사지을 때나 장사할 때 늘 이익을 먼저 생각합니다. 마찬가지로 귀의함에도 분명한 이익이 있으니 조금씩이라도 진전시켜야 합니다. 저도 이대로 실천하기 힘들지만, 조금씩이라도 해 나가면 좋습니다.

5. 귀의하고 나서 닦아야 할 것들 학처(學處)

귀의를 하고 나면 반드시 생각하고 행해야 하는 것들이 있습니다. 늘 사유하고 관상해야 할 것이 있습니다.

첫째, 부처님께 귀의하고서 다른 귀의처를 구하지 않는 것입니다. 부처님께 귀의하고 나서는 이익을 준다고 해서 외도에게 귀의해서는 안 됩니다. 두 마음으로 귀의하면 안 되고, 한 마음으로 귀의해야 합니다.

둘째, 부처님의 가르침에 귀의하고 나서는 다른 중생에게 해를 끼쳐서는 안 됩니다. 가르침에 귀의하고 나서는 다른 중생에게 직·간접적으로 해를 끼쳐서는 안 됩니다. 이것이 가르침에 귀의하고 나서 해야 할 일입니다. 또한 경전이나 이런 것들을 매우 귀중하게 생각해야 합니다. 함부로 대하면 안 됩니다.

셋째, 승보에 귀의하고 나서는 나쁜 친구와 어울리지 않아야 합니다. 삼보에 귀의하고 나서는 부처님의 가르침과 반대로 행하거나 외도들과 친한 이들과는 어울리지 않아야 합니다. 좋은 친구를 만나 좋은 점을 반도 따라 하기 힘들지만, 나쁜 사람을 만나 나쁘게 바뀌기기는 너무 쉽다고 〈람림〉에 나옵니다.

문) 삼보에 귀의하고 나면 기독교인이나 이슬람교인과 같은 다른 종교인과

어울리지 않아야 합니까?

답) 일체중생을 소중히 생각해야 하기에, 바르지 않은 행이나 견해에 대해 친하지 말라는 뜻이지 그 사람을 멀리하고 말도 하지 말라는 그런 뜻이 아닙니다. 일체중생을 존경해야 합니다. 사람은 소중하지만 견해는 다릅니다. 예를 들면 '사랑'은 똑같지만, 내면적인 뜻은 견해차가 있습니다. 예를 들면 기독교에서 축생들은 하나님이 주신 것이니 인간을 위해 자유롭게 할 수 있다고 하지만, 불교에서는 축생도 나의 어머니와 마찬가지로 일체중생으로 여겨 사랑하게 합니다. 이런 차이가 있으므로 같은 견해는 받아들여야 하지만, 분명한 차이가 있는 견해는 가까이 하지 말라는 것입니다.

문) 기독교에서 다른 신을 섬기지 말라고 한 것과 어떤 차이가 있습니까?

답) 예를 들면 불교 안에서 부처님이 아닌 사천왕에 귀의하면 안 됩니다. 존중할 수는 있지만 귀의처로 삼아서는 안 됩니다. 산신이나 이런 것도 세속신이므로 귀의하면 안 됩니다. 밝은 하늘에 해가 두 개 있으면 힘든 것처럼, 두 마음으로 귀의하면 힘이 듭니다. 기독교를 멀리하고 배척하라는 것이 아니라, 그런 마음으로 귀의하지 말라는 것입니다.

넷째, 삼보의 차이와 공덕을 기억하고서 거듭거듭 귀의해야 합니다. 하루에 대여섯 번 정도 생각하면서 귀의해야 합니다.

불상이나 탱화를 볼 때는 실제의 살아있는 부처님을 보는 것처럼 하고, 경전의 글씨 하나도 함부로 대하지 않고 훌륭히 생각해야 합니다. 또한 스님들도 마찬가지입니다. 스님들도 다 좋은 것은 아니지만, 계를 받아 지키고, 승복을 입는 면에서라도 공경할 수 있습니다. 랑리 탕빠 스승의 기도문 안에 나 자신을 낮게 생각하고, 남을 마음 깊이 소중하게 생각하라고 하셨습니다. 나를 벌레보다도 낮게 생각할 수 있습니까? 어렵지만 그렇게 생각해야할 이유가 있습니다. 벌레는 지혜가 부족하지만 악업을 크게 짓지는 않습니다. 인간은 좋은 조건을 갖추고 있지만 악한 마음을 먹으면 벌레보다 훨씬 더 나쁜 일을 할 수 있기에 나를 벌레보다 낮게 볼 수 있습니다. 이와 마찬가지로 스님들도 안 좋은 스님들이 있지만, 공경하는 마음 자체는 소중합니다. 그래야 나에게 공덕이 있습니다. 이런 것들을 생각하여 삼보의 공덕을 기억하고, 귀의하는 마음을 거듭거듭 내야 합니다.

다섯째, 이익을 생각하고서 밤낮으로 귀의해야 합니다. 삼보에 귀의하면 어떤 이익이 있는지 생각하고 밤에 3번, 낮에 3번 귀의해야 합니다.

여섯째, 은혜가 큰 것을 생각하고서 공양 올립니다. 내가 먹고 마실 때마다 항상 삼보를 먼저 생각하고 불·법·승 삼보에 공양 올린다고 생각하면 좋습니다.

일곱째, 남을 귀의하도록 이끌어야 합니다.

여덟째, 어떤 일을 하더라도 삼보에 의지해야 합니다. 티벳 속담에 '사람에게 의지하지 말라. 삼보에게 의지하라.' 고 합니다. 어떤 일을 하더라도 삼보를 늘 떠올리며 의지해야 합니다.

문) 사람에게 너무 많이 의지하지 말라고 하셨는데, 남편이랑 같이 왔는데, 남편이 안가면 저도 안가거든요

답) '의지'의 의미에는 여러 가지가 있습니다. 남편이 삼보 안에 들어가면 의지해도 됩니다. (웃음) 삼보에 들어가지 않으면 일반적인 의지야 할 수 있습니다. 남편에게 인간적으로 의지할 수 있습니다. 사람에게 큰 기대를 하지 말고 의지하지 말라고 부처님께서 말씀하셨습니다. 사람에게 기대하고 의지하더라도 세속의 일들을 이룰 수는 있지만, 마음으로 부처님께 귀의를 해야 수행을 제대로 할 수 있기 때문입니다.

아홉째, 어떤 경우에라도 불·법·승 삼보에게 귀의하는 것을 버리지 않아야 합니다.

쫑카빠 대사님이 부처님의 경론을 바탕으로 귀의에 대해 이렇게 설명하셨습니다. 처음에는 흉내나 내겠지만, 오늘부터 한 번 시작해보세요. 귀의야 말로 기초이니 이에 대해 의미를 정확히 알고 행한다면 말로 표현할 수 없는 이익이 분명히 있습니다. 입으로 하는 것보다 마음으로 하는 것이 매우 중요합니다. 이렇게 하면 수행에 큰 도움이 됩니다. 귀의하느냐 하지 않느냐에 따라 수행의 성과를 내는 데도 큰 차이가 있습니다. 사람이 많은 곳에서라도 마음으로 귀의하는 마음을 먹어야 합니다. 하루에 한 번이라도 귀의에 대해서 생각해 보는 시간을 가지시면 좋겠습니다.

일상에서 공덕 쌓기의 중요성

우리 하루 24시간은 깨어있을 때와 잠잘 때로 나눕니다. 처음으로 마음 동기가 제일 중요합니다. 아침에 깨어날 때 눈 뜰 때 삼보 덕분에 제가 죽지 않고 깨어날 수 있습니다. 이렇게 삼악도에 떨어지지 않은 것 자체를 부처님께 고마워하며 귀의하는 마음을 일으키면서 오늘 하루 종일 부처님 법과 같이 하겠다는 마음 동기가 중요합니다. 일어날 때의 마음 동기가 중요합니다.

〈보만론〉에 보면 부처님의 가르침은 두 가지로 요약할 수 있습니다. 그것은 신심과 지혜입니다. 처음에는 믿음이 중요합니다. 그 다음에 윤회에서 벗어나고자 할 때 지혜도 중요하다고 합니다. 처음 공부할 때 신심이 없으면 부처님 말씀대로 행하지도 않고 그대로 배우지도 못하기 때문에 지혜도 생길 수 없습니다. 따라서 처음에는 신심이 굉장히 중요합니다. 신심에는 두 가지가 있는데, 알고 믿는 마음과 모르고 믿는 마음(미신)이 있습니다.

지금까지 부처님의 공덕, 가르침의 공덕, 승가의 공덕을 알고 귀의하는 것이 중요함을 말씀드렸습니다. 모르고 믿는 마음, 미신, 맹신으로 귀의하는 것이 아니라, 삼보의 공덕을 아는 바탕 위에서 귀의하는 공덕이 훨씬 큽니다.

공덕이 중요한 이유는 인과가 중요한 것과 같은 맥락입니다. 티벳 속담이나 노래에도, 또 티벳인들이 일반적인 대화를 할 때에도 '인과'에 대해 자주 이야기합니다. 우리가 물질적으로 변하는 것은 쉽게 알 수 있습니다. 대한민국을 봐도 물질적으로 매우 크게 변했습니다. 그런데 물질적으로 변하는 것보다 정신적으로 변하는 것이 훨씬 큽니다. 물질적으로 변한 것이 물 위에 있는 빙산이라면, 정신적으로 변한 것은 물 밑의 빙산처럼 훨씬 큽니다. 그렇게 마음의 움직임이 훨씬 크게 일어나기 때문에 물질적인 변화가 있었던 것입니다.

그러나 이러한 바깥의 인과나 세상의 변화에 대해서는 느끼기 쉽지만, 마음속 인과에 대해서는 느끼기가 어렵습니다. 어떤 사람이 타인에게 "너 돼지처럼 생겼다." 고 놀려서 그 과보로 오백생동안 돼지로 태어났다는 이야기가 경전에 나옵니다. 이와 같이 마음의 인과가 더 큽니다. 알고 짓는 죄는 조금밖에 없지만, 이해 못하고 모르고 짓는 죄가 훨씬 많습니다. 입으로 말로 생각으로 짓는 죄가 엄청나게 많습니다.

수행 면에서 보아도 인과에 대해 아는 것은 매우 중요합니다. 원인이 있을 때 화가 나고, 원인이 없을 때 화가 나지 않습니다. 원인 따라 과보가 생기는 것을 정확히 알 수 있습니다. 그때 인은 무엇일까? 인은 제거할 수 있는 것인가? 그 인도 영원한 것인가, 변하는 것인가? 라고 생각해 봐야 합니다. 그 인도 변하고 있습니다. 그 인을 깊이 따져 들어가 보면 무명, 어리석음, 무지 이런 것들이 있습니다.

우리가 부처님의 몸·말·마음으로 짓는 공덕을 이해하기는 쉽지 않습니다. 인과의 측면에서 봐도 불가사의(不可思議)의 대상이기 때문입니다. 왜 부처님의 공덕을 불가사의한 것이라고 말하는 것일까요? 우리가 무언가를 안다고 할 때, 그 대상을 세 가지로 나눕니다. 첫째, 우리가 눈·귀·코 등으로 쉽게 알아차릴 수 있는 대상입니다. 색·성·향·미·촉과 같이 쉽게 알아차릴 수 있는 대상입니다. 둘째, 사유해서 알아차릴 수 있는 대상이 있습니다. 무상(無常) 같은 것입니다. 이 책상은 한 찰나도 머물지 않고 변하고 있습니다. 이처럼 바로 알아차릴 수는 없지만, 사유해 보면 이치로 알 수 있는 것들입니다. 무상에 대해서 사유해 보면 찰나도 멈춤 없이 다 변하고 있음을 알 수 있습니다. 쉽게 알아차릴 수는 없지만 생긴 것은 모두 변하고 사라지고 있다고 사유해서 올바르게 이해할 수 있습니다. 그 다음 마지막이 불가사의입니다. 생각해도 이해할 수 없는, 이해하기 어려운 대상입니다. 오로지 부처님의 말씀을 통해서 믿어야만 되는 것들입니다. 부처님이 일체 공덕을 갖췄다는 것, 부처님은 모르는 게 하나도 없다는 일체지를 갖췄다는 것과 대자대비 같은 것이 불가사의의 대상입니다. 현재의 우리의 느낌이나 생각으로는 부처님께서 갖춘 일체의 공덕이 무엇인지 제대로 알 수 없습니다. 부처님을 대자대비를 갖추신 분이라고 하는데, 부처님께서 일체를 다 알고 계시고 일체공덕을 다 갖추었다고 하여도 믿기가 쉽지 않습니다.

그러나 제자들이 해탈하고자 하는 마음만 있다면, 해탈로 가는 길에 대해 언어가 다르고 문화가 달라도 얼마든지 배울 수 있게 부처님께서 완벽하게 가르쳐주셨습니다. 그것이 팔만 사천 법문의 의미입니다. 수많은 사람이 있지만 똑같은 사람은 없습니다. 그래서 부처님께서는 다양한 법을 가르쳤습니다. 환자들이 모두 다 다른 것과 같습니다. 환자의 병에 따라서 의사가 약을 다르게 처방하듯이 부처님께서도 우리에게 다양한 법을 가르치셨기 때문에 우리도 자신의 근기에 맞게 실천해야 합니다. 이와 같이 부처님의 대자대비는 우리가 직접 행을 하지 않으면 알 수 없는 이해하기 힘든 것들입니다.

이러한 부처님의 불가사의 공덕에 대해 지금 자신의 생각으로 모른다고 하여 부정해서는 안 됩니다. 그래서 수행할 때 자신의 근기에 맞게 다양하게 해야 합니다. 부처님께서 팔만 사천 법문을 설하셨듯이 다양하게 여러 가지를 공부해야 합니다.

우리가 죽지 않고 살아있는 것도 부처님의 은덕 때문이라는 말씀도 논리적으로 살펴보면 이유가 있습니다. 우리가 살아있는 바탕은 복 때문입니다. 죽는 것에는 세 가지가 있습니다. 복이 떨어져서 죽는 것, 사고가 나서 죽는 것, 전생의 과보로 수명이 다해 죽는 것입니다. 우리는 복의 힘으로 살고 있습니다. 그런데 이 복덕은 선행으로 만들어집니다. 악행을 하고 복을 만들 수는 없습니다. 선행의 힘으로 복을 만들려면 선행을 알아야 합니다. 그리고 그것을 배운 것은 선행을 가르친 스승의 가르침 때문입니다. 이렇게 가르친 스승, 그 스승의 스승을 거슬러 올라가면 부처님까지 거슬러 올라갑니다. 내가 죽지 않은 것은 복덕 때문이고, 복덕을 쌓을 수 있었던 것은 부처님의 은덕 때문이라는 것을 이렇게 논리적으로 이해할 수 있습니다.

복은 선행의 과보입니다. 복도 다 따로따로입니다. 공부를 잘할 수 있는 복이 있는데, 수행을 잘하는 복은 없는 사람이 있습니다. 반대로 수행을 잘하는 복은 있는데, 공부를 잘하는 복은 없는 사람이 있습니다. 공부를 제대로 하고 싶으면, 수행을 잘하고 싶으면 여러 가지 면에서 복이 있어야 합니다. 스승이 오래 사시도록, 오래 머무시도록 권청하면, 자기 생명이 길어지는 장수의 원인이 되는 것과 마찬가지로, 복을 많이 쌓으면 자기 생각하는 대로 할 수 있다고 합니다.

복의 과보는 안락입니다. 복의 힘으로 고통을 다 제거할 수 있습니다. 모든 원들을 다 이룰 수 있습니다. 우리가 복 쪽으로도 부족하지 않고 지혜 쪽으로도 부족하지 않아 여러 원인들을 바탕으로 공부를 잘할 수 있는 것이지, 한 가지 원인만으로 잘할 수는 없습니다. 그래서 여러 가지 복을 만들기 위해 노력해야 합니다. 복을 많이 만드는 가장 좋은 방법은 '칠지기도(7가지 공양)'입니다. 칠지기도 안에 참회하는 것은 업장소멸 쪽으로 가고, 절하는 것, 공양 올리는 것, 수희하는 것, 부처님에게 법문 권청하는 것들은 다 복 만드는 쪽으로 갑니다. 이를 마음으로 하는 것이 중요합니다.

문) 자면서 모기를 잡아서 죽이고 합니다. 그럴 때마다 이러면 안 되는데, 내 몸 편하고자 죽이면 안 되는데 하면서도 죽입니다. 사무실에서는 어떻게 해야 합니까?

답) 아무 생각 없이 죽이는 것과 두려워하거나 안 된다고 생각하며 죽이는 것과는 차이가 있습니다. 아무 생각 없이 죽이는 것이 과보가 더 큽니다. 불선의 업은 동기, 행, 결과의 세 가지 측면에서 이루어지기에 그렇습니다. 되도록 죽이지 않는 것이 중요하고, 설혹 죽이더라도 즉시 참회하는 것이 중요합니다. 삼선도에 태어나길 바라는 마음을 가져야 합니다. 이렇게 좋은 마음을 먹더라도 살생의 과보는 피할 수 없습니다. 죄가 다 나쁜데 공덕이 하나 있다고 합니다. 참회함으로써 제거할 수 있는 것이 죄의 공덕이라고 합니다. 죄의 힘을 소멸시키기 위해 진언하거나 참회하거나 공에 대해 명상하거나 하는 6가지 방법 있습니다. 이를 통해서 아무리 큰 죄도 소멸시킬 수 있다고 합니다.

문) 내가 모기를 죽인 과보로 지옥을 가더라도, 자비심으로 모기가 더 이상 죄를 짓지 않게 하겠다는 마음으로 죽이는 것은 어떻습니까?

답) 정말로 지옥에 가더라도 괜찮습니까? 지금 조금 아픈 것도, 모기가 피 좀 먹는 것도 참지 못하면서, 지옥의 고통을 참을 수 있습니까? (웃음) 미낙 통통이라는 보살께서(부처님의 전생) 5백 명의 사람을 살리기 위해 자비심으로 한 사람을 죽인 경우가 있었습니다. 큰 자비심으로 하셨기에 공덕을 더 많이 얻으셨다고 합니다. 그런 대자비심으로 할 수 있다면 모르지만, 모기를 죽일 때 그렇게 큰 자비심으로 죽이는지 아니면 화나 욕심으로 죽이는지 잘 살펴야 합니다.

지금 자기가 할 수 있는 일은 하지 않으면서, 저 멀리 떨어져 있는 것에 대해 쉽게 말하는 것은 옳지 않습니다. 대자대비의 보리심을 일으키려면 출리심을 먼저 일으켜야 합니다. 출리심 없이 대자비심을 일으킬 수 없습니다. 가까운 사람에게 애착하고 먼 사람을 미워하며 평등심이 없으면서 보리심과 대자비심을 제대로 일으킬 수 없습니다.

큰 것만 추구하고 일상생활은 아예 생각하지 않으면서, 수행 쪽으로 발전할 수 없습니다. 큰 수행을 바로 해야지 작은 것은 의미 없다고 생각해서는 안 됩니다. 아띠샤 스승께서는 나이가 많아 몸이 힘들 때도 직접 매일 공양수를 올리셨습니다. 어떤 제자가 대신 하겠다고 하자, 아띠샤 스승께서 "네가 나 대신 밥도 먹을 수 있느냐?"고 하면서 늘 스스로 하셨습니다. 일상생활에서 조금씩 수행 쪽으로 들어가게 하는 것이 매우 중요하다고 말씀하셨습니다. 공양수 한 그릇, 향 한 자루 올리는 것이라도 매일하는 것이 중요합니다. 하루, 한 주, 한 달, 일 년 이렇게 습관을 들여 일상적으로 하여 복덕을 많이 쌓아야 합니다. 복은 수행의 양식과 같아서, 복덕이 없으면 수행 잘 하기가 어렵습니다.

공덕을 쌓기 가장 쉬운 방법 중 하나는 잠들기 전에 오늘 하루를 어떻게 보냈는지 살펴보는 것입니다. 잠들기 전에 잘못한 것은 참회하고, 잘한 일은 수희 회향하고… 그날그날 이렇게 하면서 잠이 들거나, 부처님 기억하면서 잠이 들면, 또는 평소에 수행하던 것 기억하면서 잠이 들면, 잘 때부터 다음날 아침 일어날 때까지 수행으로 들어갑니다. 잠도 마음 동기에 따라 변합니다. 잠잘 때 탐욕이나 화내면서 자면 잠자는 과정 전부 다 악행으로 들어갑니다. 좋은 마음 동기로 잠이 들면 잠자는 것 자체가 수행으로 들어갑니다. 아무 마음 없이 자면 무기(無記) 쪽으로 들어갑니다.

선정을 닦는 아홉 가지 순서 (뒷 표지 설명)

1. 사람은 선정을 닦는 수행자를 의미하며, 마음을 안으로 향하게 하여 머무르기 시작하는 구주심(九住心)의 첫 번째 안주심(安住心)의 단계이다.

2. 수행자가 손에 들고 있는 올가미는 선정을 닦는 과정에서 목표를 놓치지 않는 기억을 상징한다.

3. 도끼 모양의 날카로운 칼은 혼침인지 도거인지를 구분하게 해주는 지혜 즉, 알아차림을 상징한다.

4. 굽은 길 여섯 갈래는 육력(六力)을 상징하며, 첫 번째 굽은 길은 '들음의 힘'을 나타낸다. 이에 의지해서 구주심 중 첫 번째인 안주심(安住心)을 성취한다.

5. 코끼리는 수행자의 마음을 뜻하며 색깔이 검은 경우는 몸집이 크고, 무겁고 가라앉은 느낌의 '혼침(昏沈)'을 의미한다.

6. 원숭이는 산란함을 뜻하며 원숭이의 색깔이 검은 것은 '도거'를 상징한다.

7. 구주심 중 일곱 번째 멸주심(滅住心)까지 불꽃이 있고 없고, 크고 작고의 차이를 표시한 것은 정념과 정지에 나아가는 힘의 크고 작음을 표시한다.

8. 여섯 갈래의 길 중 두 번째 구부러진 길은 '생각의 힘'을 의미한다. 여기서는 구주심 중 두 번째 섭주심(攝住心)을 성취한다.

9. 안주심을 지속시키는 섭주심(攝住心)의 단계이다.

10. 과일은 마음을 산란하게 하는 도거의 다섯 가지 대상 색·성·향·미·촉 즉, 오경 중 맛(味)을 상징한다.

11. 옷감 또는 천은 마음을 산란하게 하는 도거의 다섯 가지 대상 중 접촉(觸)을 상징한다.

12. 머리에서부터 조금씩 희게 변하는 것은 순서대로 선명함과 안주함이 점점 발전해 감을 의미한다.

13. 세 번째로 구부러진 길은 육력 중 '기억의 힘'을 나타내며, 여기서는 구주심 중 세 번째인 해주심(解住心)과 네 번째인 전주심(轉住心)을 성취한다.

14. 해주심(解住心)은 마음이 산란해지는 것을 바로 알아차려 다시 목표로 삼았던 선정의 대상으로 돌아가는 것을 의미한다.

15. 토끼는 미세한 혼침을 상징하며 여기서는 거칠고 미세한 혼침을 구분해서 알아차리게 된다.

16. 뒤를 돌아보는 것은 산란한 마음을 알아차려서 다시 대상에 집중함을 의미한다.

17. 바라 모양의 악기는 마음을 산란하게 하는 도거의 다섯 가지 대상 중 소리(聲)를 상징한다.

18. 소라 속에는 향이 있으며 향은 마음을 산란하게 하는 도거의 다섯 가지 대상 중 냄새(香)을 상징한다.

19. 염(念)을 강하게 하여 목표로 삼았던 선정의 대상을 놓치지 않는 상태인 전주심(轉住心)의 단계이다.

20. 네 번째로 구부러진 길은 육력 중의 '알아차림의 힘'을 나타내며 여기에서 구주심의 다섯 번째인 복주심(伏住心)과 여섯 번째인 식주심(息住心)을 성취한다.

21. 그 동안 혼침보다 먼저 생겼던 도거가 뒤에 나타나기 시작하며 도거의 힘이 약해진다.

22. 알아차림이 마음을 산란치 않게 만들어 삼매로 이끈다.

23. 삼매의 공덕이 쌓여 거친 혼침과 도거가 사라지는 상태인 복주심(伏住心)의 단계이다.

24. 거울은 마음을 산란하게 하는 도거의 다섯 가지 대상 중 색(色)을 상징한다.

25. 미세한 혼침이 생길 위험이 사라진 상태인 식주심(息住心)의 단계이다.

26. 다섯 번째로 구부러진 길은 육력 중 '정진의 힘'을 나타내며, 여기에서 구주심 중 일곱 번째인 멸주심(滅住心)과 여덟 번째인 성주심(性住心)을 성취한다.

27. 혼침과 도거가 장애물이 될 수 없는 멸주심(滅住心)의 단계이다. 이때에는 미세한 혼침과 도거조차도 생기기 어렵고 미세한 것이 생기더라도 작은 노력만으로도 바로 없어진다.

28. 이 단계에서 코끼리의 검은 색이 사라지고 원숭이가 없어진 것은 처음에 기억과 알아차림에 조금만 의지하더라도 혼침, 도거가 장애가 되지 않아 끊어지지 않는 삼매에 들어감을 나타낸다.

29. 처음에 치료제를 살짝 기억하는 것만으로도 미세한 혼침과 도거가 저절로 소멸되는 성주심(性住心)의 단계이다.

30. 여섯 번째로 구부러진 길은 육력 중의 '확고한 습(習)의 힘'을 나타내며 여기에서 구주심 중 아홉 번째인 지주심(持住心)을 성취한다.

31. 애씀 없이 삼매에 들 수 있는 상태인 지주심(持住心)의 단계이다.

32. 선정을 성취하였음을 나타낸다.

33. 마음의 경안을 나타낸다.

34. 몸의 경안을 나타낸다.

35. 수행자가 손에 불타오르는 칼을 들고 있는 것은 공성을 닦아 선정과 지혜를 함께 갖추었음을 상징한다.

36. 기억과 알아차림으로 올바른 길을 찾은 상태이다.

『한국티벳불교사원 광성사』는

한국에 설립된 유일한 티벳 사찰로 티벳불교와 티벳 스승님들의 말씀을 한국에 널리 전하기 위해 노력하고 있습니다.

고대 인도의 위대한 대사원인 날란다와 비까말라실라에서 부처님의 가르침을 여러 논서를 통해 배우고 실천한 것과 같이 현재 티벳에서도 티벳어로 현교와 밀교 등 부처님의 가르침을 배우고 있습니다. 한국티벳불교사원은 이러한 전통을 바탕으로 티벳과 한국 두 나라의 불교문화 교류를 위해 설립되었습니다.

여러 논장을 통해 경전을 쉽고 깊게 배울 수 있도록 티벳어로 된 경과 논서들을 한국어로 꾸준히 번역하고 있으며, 부처님의 모든 가르침의 핵심을 차례대로 배울 수 있는 〈람림〉을 가르치고 있습니다.

그 외 티벳불교와 문화를 알리기 위해 입보리행론 법회와 티벳 큰스님 초청법회, 티벳불교 문화캠프, 티벳 명상, 티벳어 강좌 등을 정기적으로 진행하고 있습니다.

한국티벳불교사원은 티벳불교를 한국에 널리 전하기 위해 앞으로도 많은 노력을 기울이겠습니다. 우리 모두 한마음으로 삼보에 귀의하여 부처님의 가르침을 내 삶의 등불로 삼아 부지런히 배우고 실천하고자 수행 정진합시다!

기도 법회 및 운영 프로그램

❀ **사시 기도**
  매일 오전 10:00~11:30

❀ **람림 법회 및 밀교염불 명상 - 부산**
  매주 토요일 오후 03:00~05:00

❀ **람림 법회 - 서울**
  매월 2,4주 월요일 오후 07:00~09:00

❀ **따라보살 기도 및 밀교의식 기도**
  매월 첫째 월, 화요일 오전 10:00~11:30
  바르도 49재 기도 및 재일 법회

❀ **티베트 대장경 천일기도**

❀ **티베트어 초·중급 수업**

❀ **티베트 큰스님 초청 법회**

❀ **티벳불교 문화 캠프**

티벳 스승들의 수행 이야기

발 행 일 : 2014년 1월 1일

발 행 처 : 한국티벳불교사원 광성사

주   소 : 부산광역시 서구 해돋이로 250 (아미동2가)

전   화 : 051-243-2468

펴 낸 곳 : 도서출판 하늘호수

인   쇄 : 정광인쇄사 (051-464-4421)

홈 페 이 지 : www.KoreaTibetCenter.com / 다음카페 한국티벳센터

정   가 : 7,000원

법보시 동참해주셔서 감사합니다!